AF453260

Hubert BEUVE-MÉRY

Licencié ès-lettres, Docteur en Droit.

LA
Théorie des Pouvoirs Publics
d'après FRANÇOIS DE VITORIA
et ses rapports avec le Droit contemporain

" Editions Spes "

17, Rue Soufflot, PARIS (Vᵉ)

1928

THÈSE POUR LE DOCTORAT

FACULTÉ DE DROIT DE L'UNIVERSITÉ DE PARIS

LA
Théorie des Pouvoirs Publics
d'après FRANÇOIS DE VITORIA
et ses rapports avec le Droit contemporain

THÈSE POUR LE DOCTORAT
(Sciences Politiques)

présentée et soutenue le Samedi 19 Mai 1928, à 2 heures

PAR

Hubert BEUVE-MÉRY

Président : M. LE FUR, *professeur.*
Suffragants { M. ROLLAND, *professeur.*
{ M. GIDEL, *professeur.*

" Éditions Spes "
17, Rue Soufflot, PARIS (V⁰)
1928

Nil obstat,

Romae, die 1ª maii 1928,

Fr. M. D. Chauvin O. P.

S. Theol. Mag.

Imprimatur,

Lutetiae Parisiorum, die 14ª maii 1928

V. Dupin,

V. G.

INTRODUCTION

François de Vitoria (1) qui devait conserver le nom de sa
ville natale, naquit en pays basque vers 1480 (2). Jeune encore,
il entre dans l'ordre des dominicains au couvent de Burgos. Là,
ses qualités exceptionnelles le désignent bientôt à l'attention de
ses supérieurs qui envoient le jeune novice achever ses études à
l'Université de Paris. D'abord étudiant au couvent de Saint-

---

(1) On trouve le nom de Vitoria écrit de quatre manières différentes
suivant les auteurs :

1° La forme « *Victoria* » qui a pour sa défense plusieurs manuscrits
autographes, les éditions successives des « *Relectiones* » et une longue tradition
historique. C'est la forme latine employée par les contemporains du théologien: Cano, Erasme, Vivès, etc., et par la grande majorité des auteurs
modernes : Calvo, Cauchy, G. Goyau, Holland, de Kosters, Vanderpol, Wheaton et Zigliara entre autres.

2° La forme « *Vitoria* ». C'est la forme espagnole qui paraît logique
puisque la ville de ce nom existe encore aujourd'hui. Remarquons cependant
qu'en dehors des Espagnols, Nys est un des rares auteurs modernes qui
l'aient employée.

3° La forme « *Vittoria* » généralement admise par les Allemands (Tischleder) et les Italiens (Fiore).

4° La forme entièrement latine, archaïque et incommode « *Franciscus
a Victoria* » que M. Lange est probablement le seul à utiliser.

Grâce à l' « Association Francisco de Vitoria » officiellement constituée
en Espagne, la forme espagnole tend à s'imposer et finira sans doute par
rallier l'unanimité des auteurs. C'est donc celle que nous avons adoptée, tout
en regrettant que l'union ne se soit pas faite sur la forme traditionnelle, ce
qui aurait eu l'avantage de simplifier les recherches bibliographiques déjà
difficiles par elles-mêmes.

(2) Le P. Beltran de Heredia donne comme très probable, sinon comme
certaine, la date de 1486. Voir : *Ciencia Tomista*, n° 105, mai-juin 1927,
pp. 303-304.

Jacques, puis professeur au collège de Santiago qui dépendait de la Sorbonne, il achève aux grandes écoles (*magnis scholis*) un séjour à Paris qui n'a pas duré moins de seize ans. Le 24 mars 1522, Victoria est reçu licencié, et presque aussitôt rentre en Espagne où il remplit jusqu'en 1526 au collège Saint-Grégoire de Valladolid, la charge de régent des études. C'est alors que devient vacante à l'université de Salamanque, la chaire primaire (3) de théologie.

La chaire, mise en concours, fut âprement disputée. D'après les règlements de l'université, le choix du professeur revenait aux étudiants chargés d'apprécier la science et le talent des candidats. On imagine aisément la fougue que des jeunes gens pouvaient apporter à de telles compétitions ; certains jours la ville entière en était troublée et il n'était pas rare que le sang coulât. Vitoria, bien qu'il n'eût pas d'amis à Salamanque où il n'avait jamais enseigné, fut, après un mois de lutte, le brillant triomphateur de ce singulier tournoi. La chaire déclarée vacante le 2 août 1526 lui fut attribuée le 7 septembre, et le 21 du même mois, Vitoria prêtait le serment solennel d'usage et s'engageait à défendre comme sa propre vie les libertés de l'université.

Nous ne pouvons ici retracer en détail ce que fut l'enseignement de Vitoria pendant les vingt années de son professorat à Salamanque, ni les grands événements qui vinrent en marquer le cours. Le nouveau professeur apporta dans l'enseignement une méthode jusqu'alors inconnue. « N'oublions pas », écrit Touron, « que François de Vitoria est le premier qui ait introduit dans l'université de Salamanque, la coutume de dicter les leçons de théologie que ses prédécesseurs se contentaient de réciter à peu près comme on déclame aujourd'hui un sermon. Ce que les écoliers pouvaient en retenir et ce que quelques-uns essayaient d'en écrire à la hâte était toujours fort imparfait. La méthode de notre théologien parut infiniment plus utile; elle enrichit d'abord ceux qui avaient une plus grande envie d'apprendre et attira une si grande foule d'étudiants à Salamanque que les écoles les plus vastes pouvaient à peine les contenir (4). On imita, depuis, la méthode de Vitoria, et voilà, dit encore Melchior Cano, ce qui

---

(3) Ainsi nommée parce que les cours s'y donnaient le matin.

(4) A la mort de Vitoria en 1546, l'Université comptait 5.150 étudiants inscrits. Il n'existe malheureusement pas de statistique antérieure qui permette une comparaison.

rend aujourd'hui nos universités si célèbres et nos professeurs si respectables. » (5).

Mais l'influence de Vitoria ne fut pas limitée à l'université. Conseiller de Charles-Quint dont son frère Diégo était devenu le prédicateur, il eut maintes fois l'occasion d'intervenir et toujours avec éclat, dans la vie publique de son temps. La leçon « *De Matrimonio* » nous reste comme un témoignage des avis que Charles-Quint avait sollicités touchant le divorce du roi d'Angleterre Henri VIII avec Catherine d'Aragon, tante de l'empereur. Plus célèbres encore sont les fameuses leçons « *De Indis* » et « *De Jure Belli* » qui nous émeuvent encore aujourd'hui par la courageuse éloquence que Vitoria met au service des Indiens contre leurs oppresseurs. Les exactions des colons espagnols y sont condamnées au nom des principes supérieurs du droit naturel et Vitoria se trouve amené à exposer toute une théorie de la guerre, de la colonisation, de la collaboration entre les peuples qui nous paraît, aujourd'hui plus que jamais, jeune et vivante. Enfin l'Eglise fit, elle aussi, appel à la science et à la piété de l'illustre professeur. Le 3 avril 1537, le pape Paul IV écrivait au recteur de l'université de Salamanque pour assurer au futur concile de Trente la présence de Vitoria dont, dit-il, « la remarquable doctrine et la fameuse réputation sont parvenues jusqu'à nous ». En 1545. c'est Charles-Quint qui écrit à son tour pour le même motif et prie Vitoria d'être son théologien. Mais celui-ci, déjà malade, dut décliner cette nouvelle invitation et le 11 août 1546, il mourait à Salamanque. Il exerça pourtant sur les travaux du concile une influence considérable par l'intermédiaire de ses disciples : Dominique Soto (6) et Melchior Cano (7). Ceux-ci, pénétrés de la doc-

---

(5) Touron : *Histoire des hommes illustres de l'ordre de Saint Dominique.* — Paris 1747. T. IV. p. 59.

(6) Dominique Soto (1494-1560) enseigne à Salamanque de 1532 à 1545. il est donc moins le disciple que le collègue de Vitoria. Premier théologien de l'empereur au concile de Trente, il devient peu après son confesseur. Rentré en Espagne, il refuse l'évêché de Ségovie et arbitre le différend fameux entre Las Casas et Sepulveda au sujet des Indiens (1552). Après la retraite de Melchior Cano, il enseigne encore pendant 4 ans dans la chaire qu'avait illustrée Vitoria. L'œuvre théologique de Soto est considérable. Sa réputation de science était si grande que les contemporains répétaient volontiers : « *Quis scit Sotum, scit totum* ». Les juristes ont surtout retenu de son œuvre le traité « *De Justitia et Jure* ».

(7) Melchior Cano (1509-1560) prend en 1546 la succession de Vitoria à Salamanque. En 1551 il se rend au Concile de Trente. Elu évêque des

trine du « *De Potestate Papae* » et du « *De Potestate Ecclesiae* »
restèrent dans la tradition de leur ordre en soutenant la pré-
rogative pontificale à l'heure où l'esprit de la Réforme semblait
triompher partout.

A ce propos, il importe de remarquer que Vitoria n'essaya
jamais de gagner ou de retenir par d'habiles flatteries la confiance
des princes ou des pontifes. En étudiant les rapports de l'Eglise
et de l'Etat, nous verrons avec quelle énergie il refuse au pape le
droit d'intervenir en matière purement temporelle, attitude qui
faillit, en 1588, attirer sur son œuvre les foudres de Sixte-
Quint (8). Vis-à-vis de l'empereur, il fit toujours preuve d'une
complète indépendance. Si les conclusions du « *De Matrimonio* »
ne pouvaient qu'être agréables à Charles-Quint, il n'en était pas
de même de celles du « *De Indis* ». Vitoria n'hésita pourtant pas
à soutenir de sa vigoureuse dialectique le bouillant enthousiasme
de Las Casas (9).

Les guerres perpétuelles que se livraient les princes chrétiens
n'indignaient pas moins Vitoria que les atrocités des conquérants
aux Indes. Il déplorait par dessus tout les guerres fratricides
entre l'Espagne et la France à laquelle il était resté profondément
attaché. A son ami Don Pedro Fernandez de Velasco, connétable
de Castille, il écrivait, probablement en 1536 : « Maintenant je ne
demanderai plus à Dieu d'autre faveur que de rendre véritablement frères ces deux princes qui le sont déjà par le sang... Les
guerres ne sont pas entreprises pour le bien des princes, mais pour
celui des peuples. Aux honnêtes gens de voir si nos guerres assurent le bien de l'Espagne, de la France, de l'Italie, de l'Alle-
magne ou au contraire leur ruine au profit de la tourbe des
Maures et des hérétiques. Peu importe qu'ils affirment par serment leur innocence, c'est Dieu seul qui pardonne aux princes

---

Canaries, il résigne ses fonctions après quelques mois et vit retiré à Tolède
jusqu'à sa mort. Son ouvrage « *De Locis Theologicis* » reste d'inspiration
scolastique ; mais Cano se flatte d'abord d'être un philosophe et un humaniste. Continuant et élargissant encore le mouvement inauguré par Vitoria,
il s'efforce de rendre la théologie plus vivante, plus intéressante et de combattre ainsi plus efficacement la Réforme Luthérienne. C'est le véritable créa-
teur de la théologie positive : cf. *Revue des Sciences Phil. et Théol.* Janvier-
Avril 1920, pp. 121-141 : « Melchior Cano et la Théologie Moderne. »

(8) A. Getino — : *El Maestro Fr. Francisco de Vitoria y el renacimiento
filosophico teologico del Siglo XVI.* Madrid 1914, p. 158.

(9) On lira avec intérêt sur la situation des Indiens le livre de M. Brion :
Bartholomé de Las Casas, Père des Indiens. Paris 1927. (Roseau d'Or).

et aux coupables, mais il ne pardonnera pas » (10). De si pressantes objurgations ne devaient pas rester vaines. A Tolède en 1538, le connétable gagne les nobles à la cause de la paix et l'empereur doit dissoudre les « Cortès » sans obtenir les crédits qu'il avait demandés.

Cette logique vigoureuse, parfois un peu brutale que Vitoria mettait au service des grandes causes ne l'abandonnait pas dans les affaires de moindre importance. En 1543, le mariage de Philippe II à Salamanque, fut l'occasion de fêtes extraordinaires où l'Université se devait de jouer un rôle important. Vitoria déjà malade, apprit que les préparatifs excédaient toute mesure. « Je ne vois pas », écrit-il, « qu'en bonne conscience on puisse engager d'énormes dépenses qui, selon moi, atteindraient deux mille ducats, et témoigner par là que nous avons accumulé des ressources considérables dont nous n'avons pas l'emploi » (11). Charles-Quint et Philippe II qui avaient appris à connaître Vitoria eurent le bon goût de ne pas se formaliser de l'incident.

Cette esquisse serait incomplète si nous ne disions un mot des rapports de Vitoria avec l'humanisme. Le grand théologien ne pensait pas que la science la plus austère et la plus ardue fût incompatible avec le goût des arts et des lettres. Nys (12) a signalé ses rapports avec Josse Bade, imprimeur à Paris « un des hommes les plus méritants de l'humanisme ». D'autre part, peu après le concours de Salamanque, Erasme violemment attaqué en France et en Espagne, dut faire appel à l'équité de Vitoria contre ses adversaires, parmi lesquels Diégo, le frère du théologien, n'était pas le moins acharné.

L'incident, assez mal connu, a prêté à de fausses interprétations. On a vu dans Vitoria le défenseur ardent du philosophe de Rotterdam et l'on a pris à la lettre l'expression de Vivès qui, parlant de Vitoria, écrivait à Erasme « il t'admire et il t'adore ». A la vérité, la finesse d'une intelligence supérieure, l'élégance d'une forme raffinée avaient, de bonne heure, séduit le jeune théologien et dans les controverses de la Sorbonne, il avait souvent pris parti pour Erasme. Le besoin de remédier aux abus qui s'étaient introduits dans l'Eglise paraissait évident, et Vitoria s'en était vite rendu compte. Ce n'est pas à dire qu'il acceptât

---

(10) A. Getino : *Ibid.*, p. 213.

(11) *Id. ibid.*, p. 84.

(12) *Introduction — De Indis et de Jure Belli Relectiones.* Washington 1917, p. 23.

sans réserves la pensée toujours subtile et souvent inquiétante du brillant humaniste.

Celui-ci écrivit à Vitoria une longue lettre qui est un plaidoyer fort habile (13) ; il sut recruter des partisans dans toutes les classes de la société et gagner à sa cause Valdès, secrétaire de l'empereur et Manrique, inquisiteur général. Mais la grande junte réunie à Valladolid en 1527 fut dispersée par la peste avant d'avoir pu rendre son jugement. Pour sauver l'œuvre du philosophe sans compromettre les intérêts de la Foi, Vitoria demandait que les éditions en langue vulgaire fussent interdites et les éditions latines sérieusement amendées. On ne peut donc voir en Vitoria un partisan d'Erasme sans condition ; mais si la pensée de l'humaniste était suspecte au théologien, sa personne lui inspirait une vive sympathie sans qu'il songeât à s'en défendre.

La renommée de Vitoria, déjà très grande pendant sa vie, ne fit que s'accroître pendant les années qui suivirent sa mort. Amis, disciples, admirateurs ne tarissent pas d'éloges et même ne se soucient pas toujours d'éviter l'emphase. Barthélemy de Médina voit en lui « le restaurateur de la sacrée Théologie dont il a enseigné à l'Espagne la véritable méthode » (14). Matamore salue « l'homme supérieur, divin, incomparable, la splendeur de l'ordre de Saint Dominique, l'honneur et l'ornement de la Théologie » (15). « Nous ne sommes véritablement savants, sages, éloquents », écrit Melchior Cano, « que parce que l'illustre François de Vitoria, notre excellent maître, nous a formés par ses soins et que nous nous faisons un devoir de suivre exactement ses maximes et de déférer à ses sentiments » (16). Il ajoute qu'il ne serait peut-être pas impossible que quelqu'un des disciples de Vitoria acquît, avec le temps, autant de science que lui, mais que dix ensemble ne sauraient jamais égaler la facilité, la pénétration et la netteté de son esprit. Jean Vasée déplore la perte de ce « professeur de théologie incomparable que l'Espagne reçut de Dieu par une faveur singulière... ». « Son érudition », dit-il, « était incroyable, ses lectures presque infinies, son jugement si

---

(13) Le P. Getino reproduit in extenso ce document dans son ouvrage pp. 206-209.

(14) B. DE MÉDINA : *Epistola nuncupatoria commentarii in* I^{am} II^{ae} Sti Thom.

(15) G. MATAMOROS : *De Academiis et doctis viris Hispaniae* Francfort p. 817.

(16) M. CANO : *De Locis Theologicis Lib. XII* : Procemium.

sûr, sa mémoire si prompte, qu'il semblait un miracle de la
nature (17) ». Echard (18) et Nicolas Antoine (19) ont recueilli
en grand nombre les commentaires élogieux des savants et des
lettrés de cette époque (20).

Durant les deux siècles suivants, la gloire de Vitoria ne devait
plus briller d'un aussi vif éclat. Peut-être eut-il à souffrir du
discrédit à peu près général dans lequel tombait la scholastique.
Grotius ne se réfère qu'une ou deux fois à son illustre prédé-
cesseur dont il confisque bientôt à son profit toute la renommée.
Il faut attendre la fin du xixe siècle pour qu'on commence à rendre
justice au professeur espagnol. Depuis cette époque les études
sur l'histoire du droit international se sont multipliées, attribuant à Vitoria une part plus ou moins grande dans l'élabora-
tion du droit international moderne. Parmi ces études, il faut
faire une place spéciale aux travaux de Nys qui s'est particulièrement attaché à mettre en pleine lumière le génie de François
de Vitoria. « C'était », écrit-il, « un maître incomparable pour
la clarté et la lumière du raisonnement... Les leçons *De Indis* et
De Bello sont de véritables chefs-d'œuvre de méthode et de
science. On ne sait ce qu'il faut le plus louer, la solidité de
l'œuvre ou bien l'élégance avec laquelle elle a été exécutée.
A lire ces pages qui respirent l'amour de l'humanité, où apparaît un esprit véritablement indépendant, où chaque ligne dénote
une connaissance approfondie des auteurs, on se prend à regretter
que F. de Vitoria et ses illustres disciples n'aient pas exercé sur
la science du droit des gens une plus grande influence » (21).
Trente ans plus tard, le même auteur écrivait : « François de
Vitoria s'impose de nos jours encore, par la vigueur de raisonnement, la noblesse de sentiment, l'amour profond de l'humanité. Il fut modeste, simple et bon ; il se constitua le défenseur

---

(17) JOANNES VASEUS : *Rerum Hispanicorum Chronicon*, Francfort 1579 T. I.

(18) ECHARD : *Scriptores Ordinis Praedicatorum*. Paris 1721. T. II.

(19) N. ANTONIO : *Bibliotheca Hispana Nova* Madrid 1783. T. I.

(20) Retenons entre autres le témoignage de Conring : « Il existe de lui
[Vitoria] un ouvrage intitulé « *Relectiones* » qui peut être d'une utilité extraordinaire non seulement pour les théologiens *mais aussi pour les jurisconsultes*, parce qu'il traite des choses morales avec le plus grand soin et la plus
grande subtilité au point que je le lis toujours avec admiration. »
H. CONRING : *Opera* T. IV, Ch. I.

(21) NYS : Les Publicistes espagnols et les Droits des Indiens. — *Revue de
Droit International et de Législation comparée* 1889, p. 532.

inébranlable de la vérité et de la justice. Quiconque lit ses écrits estime l'auteur, et c'est pourquoi je me permets d'apporter à son nom glorieux un tribut d'admiration » (22).

Entre temps, M. Joseph Barthélemy étudiant la leçon « *De Indis* » y voyait « un chef-d'œuvre de méthode, une belle construction logique, élégante, solide, harmonieuse. Le style est nerveux, précis, concis, aucun développement purement oratoire, aucune grandiloquence, la méthode est absolument scientifique (23). Cet esprit exclusivement scientifique n'est peut-être pas ce qu'il y a de plus admirable dans l'œuvre de Vitoria : c'est le grand souffle d'humanité qui passe à travers ces raisonnements et anime leurs rigoureuses déductions ». (24).

Il faut encore citer Vanderpol, qui, dans ses recherches et ses compilations fait à Vitoria la plus large part (25). Enfin l'Espagne qui vient de célébrer le quatrième centenaire de Vitoria s'est décidée à poursuivre l'effort qui s'imposait à elle. Une chaire Vitoria a été solennellement inaugurée à Salamanque le 12 novembre 1927. Souhaitons que le vif mouvement d'intérêt créé autour de l'œuvre du grand théologien, nous vaille toutes les précisions désirables sur sa vie et sur son œuvre. Puisse-t-il également nous dispenser bientôt de recourir aux vieilles éditions des « *Relectiones Theologicae* » aussi rares que défectueuses !

Théologie et droit public.

Vitoria, longtemps délaissé, n'est aujourd'hui ni un inconnu, ni un méconnu. Il est remarquable toutefois que l'effort des juristes se soit presque toujours concentré sur une centaine de pages au plus de son œuvre. Sans doute les leçons « *De Indis* » et « *De jure Belli* » s'y prêtaient particulièrement, mais il existe dans les « *Relectiones* » plusieurs leçons et de nombreux passages qui se

---

(22) Nys : Introduction. — *De Indis et de Jure Belli Relectiones.* Washington 1917, p. 53.

(23) M. Lange remarque très justement à ce propos : « La langue est claire et précise, mais l'exposition est avant tout celle d'un maître parlant à des élèves, arguments et divisions numérotés ». *Hist. de l'Internationalisme.* Christiania 1919, p. 270.

(24) J. Barthélemy. — Les *Fondateurs du Droit International.* — Paris 1904, p. 7.

(25) Vanderpol : *La Doctrine du Droit de Guerre.* — Paris 1919 avec une préface d'Em. Chénon.

réfèrent au droit public et qui, jusqu'ici, n'ont guère piqué la curiosité des commentateurs. Dans le « *De Potestate Civili* » on retrouve assemblés et développés, les principes que Saint Thomas avait dispersés dans la « *Somme* », le « *de Regime Principum* » ou les « *Commentaires sur la Politique* » ; le « *De Potestate Ecclesiae* » s'efforce de déterminer les rapports du spirituel et du temporel ; le « *De Potestate Papae* » contient toute la théorie de la loi et il n'est pas jusqu'au « *De Matrimonio* » ou au « *De Temperantia* » qui n'offrent matière à études pour le juriste. Peut-être objectera-t-on que Vitoria fait là œuvre propre de théologien et qu'il convient de séparer absolument deux disciplines aussi différentes que le Droit Public et la Théologie, ce qui pouvait être de mode au Moyen-Age ou au début du xvi⁰ siècle ne répondant plus aux exigences de l'esprit moderne. L'objection n'est pas neuve. Pour quelques auteurs trop enclins à rejeter dans le domaine de l'inconnaissable la théologie, la métaphysique et tout ce qui échappe à l'expérience immédiate, l'œuvre d'un théologien peut paraître suspecte ou même ne mériter aucune attention. D'excellents esprits n'ont pas hésité à combattre cette tendance et à dénoncer le danger que faisait courir à l'intelligence cet abîme creusé entre la science dite positive et la pensée religieuse. M. Hauriou dont nous aurons souvent l'occasion de citer les remarquables travaux, écrit en tête de ses « *Principes de Droit Public* » : « Je dois rendre témoignage une bonne fois que l'immense et riche trésor des réflexions sociales accumulées dans les Sommes Théologiques m'a rendu les plus signalés services, c'est tant pis pour ceux qui dédaignent de l'utiliser. Pour moi, je confesse non seulement que j'y ai puisé mes meilleures inspirations, mais qu'en outre, j'en ai tiré la martingale nécessaire pour ne pas commettre de grossières erreurs... Il convient donc de me classer comme un positiviste comtiste devenu positiviste catholique. » (26).

Peut-être que dans certains cas sur lesquels nous aurons l'occasion de revenir, M. Hauriou eût trouvé profit à suivre de plus près encore la pensée des théologiens. Non, certes, qu'il faille confondre la science du Droit Public et la Théologie, mais il existe entre ces disiplines des rapports étroits qui nous paraissent avoir été mis en lumière par M. Maritain, dans un récent ouvrage. « Dirons-nous, écrit cet auteur, que la politique (science

----

(26) Hauriou : *Principes de Droit Public*. Paris 1916, p. XXIV.

politique et prudence politique) (27), est une sorte de physique et
une sorte d'art du bien social, qui se constituerait séparément de
l'éthique, une science et une mise en œuvre des conditions de
prospérité de la cité que l'observation déterminerait au seul point
de vue des « lois naturelles » et sur lesquelles pourraient venir se
greffer après coup et de façon surérogatoire, des considérations
morales ? Ce serait une erreur capitale. La fin de la cité terrestre
est le « *totum bene vivere* » de l'homme ici-bas : bien temporel
sans doute, mais qui n'est pas seulement d'ordre matériel, qui
est aussi et avant tout d'ordre moral et spirituel. La science et la
pratique de la bonne conduite de la cité ne sauraient donc se séparer de la juste connaisance des fins de la vie humaine... »

« La science politique intégrale, quelque immense part qu'il
convienne d'y réserver à l'observation et à l'induction, est non
seulement d'un ordre supérieur à la science inductive, à une
simple constatation physique de faits et de conséutions empiriques (prétendue sociologie au sens de Durkheim), mais d'un
ordre supérieur à la philosophie ; pour être vraiment complète,
elle doit se référer au domaine de la théologie et c'est bien en tant
que théologien que Saint Thomas a écrit le « *De Regimine Principum* » : en effet, les fins sont dans l'ordre pratique, ce que
les principes sont dans l'ordre spéculatif, la connaissance des
actes humains et en particulier de la bonne conduite de la cité
humaine, ne saurait donc exister comme science intégrale, comme
corps de doctrine achevé, que si elle est rattachée à la fin dernière de l'être humain. Sans doute, un Aristote a pu, avec les
déficiences que j'ai signalées, tracer l'épure d'une philosophie politique, partie d'une philosophie morale suspendue elle-même à
la doctrine du souverain Bien (d'un souverain bien naturel tel
qu'un païen pouvait le concevoir, et encore bien obscurément).
Toute philosophie politique comme toute philosophie morale, sont
ainsi une sorte de limite abstraite, la science des lois naturelles
de l'agir humain. En fait, cependant, l'homme n'est pas dans un
état purement naturel, mais dans l'état de nature déchue et de
nature réparée ; la règle de conduite de la vie individuelle et
sociale ne peut donc faire abstraction de l'ordre surnaturel. » (28).

Ce n'est pas vouloir la confusion que respecter l'unité des
connaissances humaines et reconnaître entre les diverses branches

---

(27) Le mot « politique » est pris ici dans toute la force de son acception
originelle. Il englobe certainement tout le droit public.

(28) J. MARITAIN — *Primauté du Spirituel*, pp. 188-190.

du savoir, une hiérarchie naturelle et nécessaire. Vitoria ne pense pas autrement : « Le devoir et la charge du théologien », écrit-il, « s'étendent si loin que nul argument, nulle discussion, nul problème ne semblent étrangers à sa profession » (29). La théologie exerce ainsi sur la pensée humaine un droit de regard et il serait particulièrement dangereux de soustraire le droit à cette influence. En outre, le droit positif ne se suffit pas toujours et l'on est constamment dans l'obligation de recourir au droit naturel et au droit divin. Vitoria met cet argument en valeur pour justifier son intervention en faveur des Indiens. « En second lieu, j'affirme que cette détermination (il s'agit du bon droit des Espagnols), ne regarde pas les jurisconsultes, ou du moins ne les regarde pas seuls. Puisque ces barbares, comme nous allons le voir, n'étaient pas soumis au droit humain positif, leur situation ne doit pas être examinée à la lumière des lois humaines, mais à celle des lois divines. Or, les jurisconsultes ne sont pas assez versés dans ces dernières pour définir par eux-mêmes des questions de cette nature » (30).

Vitoria va donc les aborder sans peur et ne s'interdira jamais de traiter un problème de droit public dans son cours de théologie si l'occasion lui semble particulièrement favorable. N'est-ce pas ici le lieu de rappeler le témoignage, un peu paradoxal dans la forme, du professeur Pillet ? « Le droit des Gens par le progrès du temps, a embrassé des questions nouvelles et suscité des difficultés qu'à l'origine on ne soupçonnait pas. Au point de vue des idées, je ne vois pas qu'il se soit beaucoup enrichi et que la science qui se dispense dans nos universités, dispose d'un matériel sensiblement plus abondant que celle qui se cachait il y a quatre ou cinq cents ans sous les arceaux des cloîtres. » (31).

Ainsi se trouvent justifiés l'objet de cette étude et les incursions fréquentes que nous serons amené à faire dans le domaine de la théologie et de la morale. Nous essaierons d'analyser la

-----

(29) « Officium ac munus Theologi tam late patet, ut nullum argumentum, nulla disputatio, nullus locus alienus videatur a theologica professione et instituto. » « *Relectiones* » : De pot. civ. p. 110.

(30) « Secundo dico, quod haec determinatio non spectat ad jurisconsultos, vel saltem non ad solos illos. Quia cum illi barbari ut statim dicam, non essent subjecti jure humano, res illorum non sunt examinandae per leges humanas, quarum juristae non sunt satis periti, ut per se possint hujusmodi quaestiones definire. » *Rel.* : De Indis, I, 4, p. 190.

(31) *Les Fondateurs du Droit International*. Paris 1904. Préface de **Pillet**.

pensée de Vitoria d'une part en la rattachant autant que nous le pourrons à la doctrine de Saint Thomas qui en est la source directe, d'autre part en montrant la fécondité et l'actualité de cette doctrine. Ce ne peut être là que l'ébauche d'un travail de longue haleine dont nous tenterons seulement de marquer le début et le terme. Étudier dans saint Thomas, dans les Pères et dans l'Écriture les sources de Vitoria, puis suivre à travers les siècles son influence cachée, serait une entreprise qui dépasse nos forces. Puissent de courageux chercheurs s'y appliquer bientôt et apporter ainsi une contribution précieuse à cette Histoire du Droit naturel dont le besoin se fait si vivement sentir !

CHAPITRE PREMIER

L'ETAT

SECTION 1

—

Le Pouvoir public, son origine et sa fin

———

Nécessité de la société politique. — Avant d'étudier la société politique elle-même, Vitoria s'efforce d'abord d'en prouver la nécessité. Démonstration aisée qui, par les souvenirs de Lucrèce ou de Virgile dont elle est nourrie, contraste avec la sévérité habituelle des discussions scolastiques. Aux animaux pourvus par la nature de tout ce qui leur est indispensable, Vitoria oppose l'homme doué de raison et d'une âme immortelle, mais jeté dans la vie, nu, faible, dépourvu de tout, écrasé dès sa naissance par le poids d'une condition misérable. De là l'obligation de vivre en société ; si les hommes vivaient isolés, errant à la manière des bêtes sauvages à travers les solitudes, ils ne pourraient suffire à leurs premiers besoins. « Malheur à l'homme seul, dit le Sage, car s'il vient à tomber, nul ne le relèvera. » Au contraire, la communauté permet de satisfaire plus aisément les exigences de la nature ; elle rend possibles la justice, l'amitié et tout ce qui fait la vie aimable et joyeuse. « Les sociétés humaines », conclut Vitoria, « n'ont pas d'autre fin que de permettre aux hommes de porter réciproquement leurs charges et, de toutes, la société civile est celle où les hommes subviennent le plus aisément à leurs nécessités. Il en résulte que cette communauté, comme je l'ai déjà dit, crée des rapports réciproques qui ont leur source dans la nature et lui conviennent parfaitement. Bien que l'on s'y rende de mutuels services, la famille ne peut se suffire à elle-même, principalement lorsqu'il s'agit de repousser la violence et l'injustice. » (32).

Nécessité du pouvoir public. — Poursuivant sa démonstration, Vitoria montre que si la société est nécessaire, le pouvoir public ne l'est pas moins car sans lui la société ne pourrait exister : « Il est donc évident que les cités et les états n'ont pas pris leur source dans une invention humaine. Ce ne sont pas des créations artificielles, mais pour ainsi dire, des produits de la nature qui les a suggérés aux hommes pour leur protection et leur conservation. Il en résulte que le pouvoir public a la même fin et le même caractère de nécessité que la société elle-même. En effet, la faiblesse des hommes rend nécessaires leurs groupements, leurs réunions, mais aucune société ne peut subsister sans quelque force ou quelque pouvoir qui la dirige. L'utilité du pouvoir public est donc absolument la même que celle de la société ou de la communauté. Si tous les hommes étaient égaux, affranchis de toute autorité, chacun suivrait son jugement ou son opinion dans une voie différente. L'état serait nécessairement déchiré et la cité détruite s'il n'y avait une force pour veiller aux intérêts de la communauté et procurer son bien. « Tout royaume divisé contre lui-même sera détruit », « où il n'y a pas de guide, dit le Sage, le peuple sera dispersé ». Le corps de l'homme ne pourrait conserver son intégrité si une force directrice ne venait disposer chaque membre à l'usage des autres membres et principalement au service du corps tout entier. Cette force n'est pas moins nécessaire à la cité où chacun, absorbé dans son propre intérêt, négligerait le bien public. » (33).

(32) « Cum itaque humanae societates propter hunc finem constitutae sint scilicet, ut alter alterius onera portaret et inter omnes societates societas civilis ea sit in qua commodius homines necessitatibus subveniant, sequitur communitatem esse (ut ita dixerim) naturalissimam communicationem naturae convenientissimam. Quanquam enim mutua officia sibi praestent, non tamen familia una sufficiens est sibi et maxime adversus vim injuriamque propulsandam... »
Relectiones theologicae. Madrid 1765, p. 115. *Relectio De Potestate Civili,* 4.
(33) « Patet ergo fontem, et originem civitatum rerumque publicarum non inventum esse hominum, neque inter artificiata numerandum, sed tanquam a natura profectum, quae ad mortalium tutelam, et conservationem hanc rationem mortalibus suggessit, atque ex eodem capite statim consequitur eumdem esse finem, eamdemque necessitatem publicarum potestatum. Si enim ad mortalium incolumitatem necessaria sunt concilia et coetus hominum,

Allant plus loin encore, Vitoria affirme que le consentement unanime des hommes ne saurait abolir le pouvoir public : « Si l'homme ne peut renoncer au droit et à la faculté de se défendre ou de disposer de ses membres à son avantage, il ne peut non plus, par voie de conséquence, renoncer au pouvoir lorsqu'il est conféré par le droit naturel et divin. De même la communauté d'état ne saurait, en aucune façon, être frustrée de ce droit de se protéger elle-même et de s'administrer en repoussant toute atteinte venue de l'intérieur ou de l'extérieur. Cela n'est pas possible sans pouvoirs publics, c'est pourquoi, si tous les citoyens décidaient de supprimer ces pouvoirs, de vivre affranchis de toute loi et de toute autorité, leur résolution serait nulle et sans effet parce que contraire au droit naturel. » (34).

Saint Thomas expose avec non moins de force la double nécessité de la vie sociale et d'un pouvoir qui la dirige. « Puisqu'un seul homme ne suffit pas à tout préparer, et que du fait de sa solitude il ne pourrait s'assurer à lui-même les biens qui lui permettraient d'entretenir sa vie, il s'ensuit que, de sa nature, l'homme doit vivre en société. » (35). « La vie en société

---

societas nulla consistere potest sine vi aliqua, et potestate gubernante, et providente, idem omnino usus utilitasque est, et publicae potestatis et communitatis, societatisque. Nam si omnes aequales essent, et nulli potestati subditi unoquoque ex sua sententia et arbitrio in diversitatem tendente necessario distraheretur Respublica, dissolveretur Civitas, nisi aliqua esset providentia, quae communi curaret consuleretque communi bono. « *Omne enim regnum in seipsum divisum desolobitur* ». Et ubi non est gubernator (ut ait Sapiens) dissipabitur Populus. Sicut corpus hominum in sua integritate conservari, non posset, sine esset aliqua vis ordinatrix, quae singula membra in usus aliorum membrorum maxime in commodum totius hominis componeret ; sane ita in Civitate contingere necesse esset si unusquisque pro suarum rerum utilitate, solicitus esset, et unusquisque civis publicum bonum negligeret. » *Rel.* pp. 115-116. — De Pot. Civ. 5.

(34) « Si enim homo cedere non potest juri, et facultati se defendendi, propriisque membris et commodo suo utendi : ergo nec etiam potestati, cum hoc illi naturali, et divino jure competat. Iddem etiam Respublica nullo modo potest privari hujusmodi potestate tuendi se, et administrandi adversus injuriam et suorum, et exteriorum, quod sine publicis potestatibus facere non potest : atque ita si cives omnes in hoc convenirent, ut omnes has potestates amitterent, et ut nullis tenerentur legibus, nulli imperarent, pactum esset nullum, et invalidum utpote contra jus naturale. »
Rel. p. 122. — De Pot. Civ. 10.

(35) « ...ad quae omnia praeparanda unus homo non sufficit. Nam unus homo per se sufficienter vitam transigere non posset. Est igitur homini naturale, quod in societate multorum vivat. » — *De Reg. Pr.* I, 1.

d'un grand nombre d'hommes serait impossible s'il n'y avait quelqu'un à la tête, préposé à la recherche du bien commun. » (36). Tout le début du « De Regimine » insiste sur cette idée et c'est là également qu'on retrouve cette comparaison de la société et du corps humain, reprise par Vitoria et par tous les commentateurs : « Si donc la nature de l'homme veut qu'il vive en société, il est pareillement nécessaire qu'il y ait parmi les hommes de quoi gouverner la multitude. En effet, comme les hommes existent nombreux et que chacun pourvoit à ce qui lui convient, chacun irait de son côté s'il n'y avait quelqu'un pour avoir soin du bien de la multitude. Ainsi le corps de l'homme comme de n'importe quel animal, se désagrègerait s'il n'y avait dans ce corps une force directrice, commune, ordonnée au bien commun de tous les membres. » (37).

Il y a là un véritable lieu commun et il ne servirait à rien de multiplier les textes. Citons seulement Léon XIII : « L'homme est né pour vivre en société, car ne pouvant dans l'isolement ni se procurer ce qui est nécessaire et utile à la vie, ni acquérir la perfection de l'esprit et du cœur, la Providence l'a fait pour s'unir à ses semblables, en une société tant domestique que civile, seule capable de fournir ce qu'il faut à la perfection de l'existence.

« Mais, comme nulle société ne saurait exister sans un chef suprême qui imprime à chacun une même impulsion efficace vers un but commun, il en résulte qu'une autorité est nécessaire aux hommes constitués en société pour les régir. » (38).

La fin du pouvoir public : le bien commun. — Le pouvoir public est donc nécessaire à l'Etat ; seul il est capable de pourvoir au bien commun qui doit être l'objet constant de ses préoccupa-

---

(36) « Socialis vita multorum esse non posset nisi aliquis praesideret, qui ad bonum commune intenderet. » (Iª q. XCVI, art. 4).

(37) « Si ergo naturale est homini quod in societate multorum vivat, necesse est in hominibus esse per quod multitudo regatur. Multis enim existentibus hominibus et unoquoque id, quod est sibi congruum, providente, multitudo in diversa dispergeretur, nisi etiam esset aliquis de eo, quod ad bonum multitudinis pertinet, curam habens ; sicut et corpus hominis et cujuslibet animalis deflueret, nisi esset aliqua vis regitiva communis in corpore, quae ad bonum commune omnium membrorum intenderet. » — *De Reg.* I. 1.

(38) Léon XIII : *Enc.* « *Immortale Dei* ».

tions : « Le prince doit ordonner la guerre et la paix au bien commun de l'Etat. » (39). C'est dans le bien commun que l'Etat trouve sa véritable raison d'être et le principe de son unité : « L'unité de l'Etat découle de l'unité d'ordination à une fin commune. » (40). Il faut donc maintenant étudier cet élément nouveau ou, pour employer le langage de Vitoria, déterminer la cause finale du pouvoir public.

Il peut paraître que Vitoria parle fréquemment du bien commun sans se soucier beaucoup d'en préciser le sens et la portée. Disons à sa décharge que si l'expression figure rarement dans les ouvrages modernes, elle était très familière aux élèves de Vitoria et que celui-ci ne pouvait guère prévoir notre ignorance. Comme toujours en pareil cas, c'est dans saint Thomas qu'il faudra chercher les lumières indispensables. Empruntons à M. Demongeot quelques précisions sur cette notion essentielle :

« Nous avons déjà rencontré plusieurs fois la notion de bien commun et notamment dans le paragraphe précédent nous avons insisté sur cette paix qui en est la condition indispensable et qui en forme comme le fonds.

« Mais nous ne l'avons guère, pour le moment, considéré en lui-même, nous avons seulement cité la définition qu'en donne saint Thomas au « De Regimine ». « Ce qui nous apparaît comme la fin de la communauté c'est de vivre selon la vertu » (41), définition très fréquemment reproduite dans les commentaires sur la Politique. Pour la cité comme pour l'individu, il y a donc correspondance entre le bonheur et la vertu. Et c'est en ce sens qu'il est vrai de dire que le bien commun est le même — entendez du même genre — que celui de l'individu : « On doit porter un même jugement sur le bien de l'ensemble de la communauté et celui d'un seul de ses membres. » (42). « Il est évident que le bonheur d'un homme et celui de la cité sont le même et

---

(39) « Nam princeps debet et bellum et pacem ordinare ad bonum commune Reipublicae. » *Rel.* p. 257.   De J. Belli, 12.

(40) « Unitas ordinis in finem facit civitatem unam. » S. Th. *Pol.* V. II. 18.

(41) I, 14. « Videtur autem finis esse multitudinis congregatae vivere secundum virtutem. »

(42) *Id. Ibid.* « Idem opportet esse judicium de fine totius multitudinis et unius. »

d'une même nature. » (43). Non seulement le bonheur de la cité comme celui d'un seul homme consiste à vivre selon la vertu, mais cette vertu elle-même est identique chez l'individu et dans la cité (44). Et la raison en est que la cité est en définitive composée d'hommes, qu'elle a, par conséquent, une *nature humaine* (et non comme le disent les sociologues modernes, une réalité suprahumaine) (45).

« Mais cela n'empêche pas la cité d'être spécifiquement différente des individus qui la composent, et son bien spécifiquement différent du bien de ses membres. « Le bien commun de la cité et le bien particulier de chacun de ses membres ne diffèrent pas seulement selon le plus et le moins, mais selon une différence spécifique. » (46).

« De même que la société n'est pas une simple collection d'individus, de même le bien commun n'est pas la simple somme des bonheurs individuels. Il est proprement la *communion* des individus dans la vertu. Nous définissons le bien commun « *vivere secundum virtutem* » ; il est plus complet et plus précis de dire « *communicatio in bene vivendo* » (47).

« L'idéal de la cité, c'est que ses membres prennent conscience du bien qui les relie, unifient leurs volontés, collaborent pratiquement et communient spirituellement. (Tout ceci est ce que nous avions défini par le mot de *paix*, mais sans indiquer *à quoi* ils devaient communier), collaborent et communient, disons-nous, à une vie vertueuse. Sans doute toutes les vertus peuvent rentrer dans cette vie, faire l'objet de cette communion, toutes les vertus, même les plus privées ont un côté social et sont référibles au bien commun : « Le bien de toute vertu peut être référé au bien commun auquel ordonne la justice. » (48). Mais certaines vertus rentrent spécialement et formellement dans la notion du

---

(43) *Pol.* VII. II § 2 : « Manifeste apparet foelicitatem unius hominis et civitatis esse eamdem et unius rationis. »

(44) *Pol.* VII. I. § 10. « Eadem est virtus in uno et in tota civitate. »

(45) *Pol.* VII. II. § 2. « Quorum est una natura, eorum est unus ultimus finis. Unus autem homo et omnes cives civitatis sunt unius speciei. »

(46) IIa IIae q. 58, art. 7, ad. 2m : « Bonum commune civitatis et bonum singulare unius personae non differunt solum secundum multum et paucum, sed secundum formalem differentiam. »

(47) *De Reg.* I.14.

(48) IIa IIae q. 58, art. 5.

bien commun : l'amour pour les autres membres de la communauté elle-même (49) : désintéressement, frugalité (50), dévouement, etc., la justice par laquelle on rend à chacun ce qui lui est dû et par laquelle chacun est content de la place qu'il occupe dans la cité (51) ; surtout la *prudence politique* qui est la vertu essentielle par laquelle l'homme ordonne ses actions au bien commun (52).

« De même que pour l'individu la vie contemplative est supérieure à la vie active, de même pour la cité (53). Aussi peut-on se représenter l'idéal de la cité comme une vie où l'ensemble des citoyens pratique les vertus actives de manière à permettre à une élite aussi nombreuse que possible la vie contemplative, le bienfait de celle-ci rejaillissant d'ailleurs sur tous. Il faut évidemment noter ici que dans les mêmes termes, Aristote et saint Thomas parlent de choses foncièrement différentes. Pour Aristote il ne s'agit que d'une vertu et d'une contemplation purement naturelles ; pour saint Thomas, au contraire, la perfection de la cité, la vraie paix, le « bene vivere » dans sa plénitude, requiert l'exercice des vertus surnaturelles et éminemment de la charité (54) : « La paix est directement l'œuvre de la charité, car c'est selon sa raison elle-même que la charité requiert la paix, *l'amour, en effet, est une force qui unit (est enim amor vis unitiva).* » Car si Aristote bornait le bien commun à une vie intérieure purement terrestre, si élevée soit-elle, saint Thomas christianise, en la reprenant, la pensée d'Aristote, non qu'il fasse de la vie éternelle elle-même la fin propre de la cité, mais cette fin de la cité est une vie vertueuse telle qu'elle achemine les âmes vers leur vie éternelle. La cité n'est pas chargée de faire gagner le ciel à ses membres, mais elle doit créer les conditions sociales qui leur permettent de mieux gagner le ciel (55).

« Mais ces précisions une fois apportées, l'essentiel pour nous

(49) Voir *De Reg.* I, 10 — *Ethic* VIII, 1, — *C. Gentes. III*, 128 — *Pol.* II, XIV § 3, 20.

(50) *Pol.* IV, 11.

(51) *Pol.* III, XII, § 14. « In politia recte ordinata quilibet diligit statum et gradum alterius. »

(52) II^a II^{ae}, q. 47, art. 11. — q. 50, art. 2, ad. 3um.

(53) *Pol.* VII, 11.

(54) II^a II^{ae}, q. 29, art. 3 ; ad 3um.

(55) *De Reg.* — I, 14. — « Non est ergo ultimus finis multitudinis congregatae vivere secundum virtutem, sed per virtuosam vitam pervenire ad fruitionem divinam. »

est de bien marquer que la *fin véritable de tout régime politique est la vertu*. C'est-à-dire que normalement toute organisation politique doit être essentiellement et premièrement orientée à faire parvenir les citoyens à une vie vertueuse. » (56).

Cette longue citation était nécessaire pour préciser le sens d'une expression que nous retrouverons souvent. Elle l'était également pour montrer combien Vitoria est resté fidèle à la doctrine de saint Thomas. Comme celui-ci, il affirme que le bien commun ne peut être séparé d'une vie vertueuse, mais ce n'est pas à l'État d'assurer directement et premièrement le salut de ses membres, mission qui incombe à l'Église seule. « L'organisation civile tout entière est insuffisante pour permettre à l'homme d'arriver au salut éternel ; ni les vertus morales ou civiques, ni la bonté naturelle ne suffisent à mériter la vie éternelle ; abstraction faite des autres conditions, la foi est indispensable. » (57). Il ne faut donc exiger de l'État qu'un certain minimum, un ensemble de dispositions législatives qui permette et facilite autant que possible la pratique de la vertu et la réalisation du bien commun : « Ni les princes, ni les peuples ne sont tenus de pratiquer toute l'excellence de la vie chrétienne et l'on ne peut les y contraindre. Ils sont seulement tenus de respecter la loi du Christ dans des limites déterminées. » (58).

La cause efficiente du pouvoir public. — Nous avons essayé de définir le bien commun et de montrer comment il était la véritable raison d'être du pouvoir public. Il faut maintenant se demander quelle est l'origine directe de ce pouvoir, quelle est sa cause efficiente, dirait Vitoria. La réponse d'un théologien ne peut faire aucun doute ; toute la leçon « De Potestate Civili » repose sur le texte de saint Paul : « Nulla potestas nisi a Deo », c'est Dieu qui est la source, la cause efficiente de tout pouvoir.

---

(56) M. Demongeot. — *La Théorie du Régime Mixte chez Saint Thomas d'Aquin.* — Aix 1927 ; pp. 60-62.

(57) « Non enim tota administratio civilis satis est ad constituendum hominem in statu salutis aeternae, nec sufficit moralis, aut civilis virtus, et bonitas ad vitam aeternam, cum. ut reliqua omittamus, necessaria sit fides... » *Rel.* p. 11 — De Pot. Eccl. Questio Prima, 13.

(58) « Non enim tenentur nec Principes, nec Populi ad optimam rationem vitae christianae, nec ad hoc possunt cogi, sed solum ad servandum legem Christianam intra certos limites et terminos. » *Rel.* p. 52. — De Pot. Eccl. 14.

« La cause efficiente de ce pouvoir est, après ce qui vient d'être
dit, facile à comprendre. Si, en effet, nous reconnaissons que le
pouvoir public est de droit naturel, le droit naturel a Dieu seul
pour auteur... Il en résulte que le pouvoir public vient de Dieu
et non des hommes ou de quelque droit positif ». (59). Pour
quiconque admet l'existence de Dieu, une telle démonstration
est rigoureuse et ne prête à aucun commentaire. Notons seulement que des textes pontificaux récents reprennent les termes
mêmes dont s'est servi Vitoria (60).

La cause matérielle du pouvoir public. — Une nouvelle
question se pose alors : A qui Dieu confie-t-il le pouvoir ? Sur ce
point, qui a provoqué d'interminables controverses, Vitoria s'explique avec toute la précision qui lui est habituelle. Si Dieu est
la cause efficiente du pouvoir, c'est la communauté d'état qui en
est la cause matérielle, c'est elle qui en est la dépositaire. « La
cause matérielle douée de la puissance publique par le droit
naturel et divin, c'est la communauté d'état à laquelle il appartient de se gouverner et de s'administrer elle-même et de tendre
avec toutes ses forces au bien commun. En voici la preuve :
d'après le droit naturel et divin, il existe un certain pouvoir de
gouverner l'état, mais si l'on fait abstraction du droit positif et
humain il n'y a pas de raison que ce pouvoir revienne à l'un
plutôt qu'à l'autre. Il est donc nécessaire que la communauté
se suffise à elle-même et possède le pouvoir de se gouverner. En
effet, si avant que les hommes ne se réunissent pour former un
état, nul n'est supérieur aux autres, il n'y a pas de raison pour
que, lorsqu'ils se réunissent à cette intention, l'un ou l'autre
revendique un pouvoir sur le reste de ses concitoyens : d'autant

---

(59) « Efficientem vero causam hujus potestatis ex dictis facile est intelli-
gere. Si enim publicam potestatem ordinemus constitutam jure naturali, jus
autem naturale Deum solum Auctorem cognoscit : manifestum evadit, potestatem publicam a Deo esse, nec hominum conditione, aut jure aliquo positivo
contineri. »

Rel. p. 116. — De Pot. Civ. 6.

(60) « ...L'autorité, aussi bien que la société, procède de la nature, et
par suite a Dieu pour auteur.

« Il en résulte que le pouvoir public ne peut venir que de Dieu, chef
suprême de tous. *Tout pouvoir vient de Dieu...* » Enc. *Immortale Dei.*

« Les pouvoirs les plus divers se rapprochent par une merveilleuse res-
semblance ; partout où l'on retrouve un commandement, une autorité quelconque, c'est à la même source, en Dieu, seul artisan et seul maître du
monde qu'il en faut chercher le principe... » Enc. *Diuturnum.*

plus que tout homme a de droit naturel le pouvoir et le droit
de se défendre soi-même et que rien n'est plus naturel que de
repousser la violence par la force. » (61).

Ainsi se trouve établie « in abstracto » l'égalité politique et
juridique des citoyens. Vitoria ne craint pas d'insister à maintes
reprises sur cette conclusion : « Il est certain que le pouvoir civil
réside immédiatement dans l'Etat tout entier ». (62). Quand un
attribut quelconque est donné à une communauté, tous les
membres de la communauté ont sur cet attribut un droit égal.
Il en est ainsi dans l'Etat à l'égard du pouvoir civil considéré
absolument. « ...Le pouvoir civil n'a d'autre extension que sa
fin et son effet naturels ; ainsi ce pouvoir est donné en commun
par la nature. Tout ce qui est naturel est commun et convient
d'abord à l'espèce ou à la communauté comme il convient à
l'homme d'être mortel. » (63).

Ces textes paraissent ne laisser place à aucune équivoque.
Ils soulèvent pourtant de graves difficultés sur lesquelles nous
reviendrons bientôt en comparant l'enseignement de Vitoria à
celui de Léon XIII et de Zigliara.

L'organisation du pouvoir : les différents régimes. — Si la
communauté tient de Dieu le pouvoir indispensable à sa vie

---

(61) « Constitutione ergo divina Respublica hanc potestatem habet ;
causa vero materialis, in qua hujusmodi potestas residet jure naturale et
Divino, est ipsa Respublica cui de se competit gubernare seipsam et adminis-
trare et omnes potestates suas in commune bonum dirigere. Quod sic probatur : Nam cum de Jure Naturali et Divino sit aliqua potestas gubernandi
Rempublicam, et sublato communi jure positivo, et humano, non sit major
ratio, ut potestas illa sit in uno, quam in altero necesse est, up ipsa communitas sit sibi sufficiens, et habeat potestatem gubernandi se. Si enim prius
quam in civitatem homines convenirent, nemo erat aliis superior, non est
aliqua ratio cur in ipso coetu seu Conventu Civili, quisque sibi super alios
potestatem vindicaret : maxime cum quilibet homo jure naturali habeat
potestatem et jus defendendi se. Si quidem nihil magis naturale quam vim
vi repellere. » *Rel.* p. 117. — De Pol. Civ. 7.

(62) « ...verum est, quod civilis potestas est immediate in tota republica. »
Rel. p. 67. — De Pol. Ecclesiastica, 2.

(63) « Item quando aliquid committitur immediate alicui communitati,
omnes illius communitatis aequaliter se habent ad illam, ut patet in Republica seculari respectu civilis potestatis absolute... Civilis enim potestas, ut
declaratum est, non se extendit nisi ad finem, et effectum naturalem : et sic
potestas illa communiter a natura datur, omne autem naturale est commune,
et primo convenit vel speciei, vel communitati, ut esse mortale homini. » *Rel.*
p. 74. De Pol. Ecclesiastica, 4.

et au fonctionnement de l'Etat, elle ne le reçoit pas sous une forme déterminée et obligatoire (64). A elle de l'organiser, de l'aménager au mieux de ses intérêts ; c'est-à-dire de la manière la plus apte à procurer le bien commun. C'est l'idée de saint Thomas : « *Ordinare in finem est ejus cujus proprius est ille finis* ». (65).

« En droit naturel », enseigne Vitoria, « les hommes sont libres, exception faite de l'autorité paternelle et de l'autorité maritale. En droit naturel, en effet, le père exerce l'autorité sur ses enfants et le mari sur sa femme. Il n'y a donc personne qui, de droit naturel, possède l'empire du monde. Comme le dit saint Thomas, la souveraineté et les préséances viennent du droit humain et non du droit naturel : il n'y aurait aucune bonne raison pour que cet empire revienne aux Allemands plutôt qu'aux Français. Aristote affirme que le pouvoir est double : l'un est familial, c'est celui du père sur ses enfants ou du mari sur sa femme, ce pouvoir est naturel ; l'autre est politique, il tire bien son origine de la nature et peut donc être appelé droit naturel, car l'homme est un animal politique, mais cependant ce n'est pas la nature, c'est la loi qui l'a établi. » (66).

C'est donc au droit humain, au droit positif, en un mot à la loi qu'il appartient d'organiser le pouvoir et par conséquent de déterminer le régime politique. Saint Thomas étudie « in abstracto » ces différents régimes et, découvrant les avantages propres à chacun d'eux, il conclut en faveur d'un régime mixte qui combinerait étroitement leurs éléments. A la royauté il emprunte le principe d'unité, à l'aristocratie le principe de justice distributive qui répartit l'exercice du pouvoir entre les plus

---

(64) Notons dès maintenant que, par là, Vitoria s'oppose très nettement à Suarez et à sa théorie de la démocratie naturelle.

(65) I^a II^{ae} q. 90, art. 3.

(66) « In jure naturali homines liberi sunt, excepto dominio paterno et maritali. De jure enim naturali pater habet dominium supra filios et maritus in uxorem. Ergo nullus est qui jure naturali habeat Imperium orbis. Et sicut etiam dicit St. Thomas 2.2. q. 10 art. 10 dominium et praelatio introducta sunt jure humano, ergo non sunt de jure naturali : nec esset major ratio quare hoc dominium conveniret Germanis magis quam Gallis. Et Aristot I. Pol. dicit quod duplex est potestas. Una familiaris, ut patris ad filios, et viri ad uxorem, et haec est naturalis. Alia est civilis, quae licet a natura quidem habeat ortum et ideo potest dici de jure naturae, ut St Thom. de Regim. Princ. cap. I. lib. I. est enim homo animal civile : non tamen natura sed lege constituta est. »

Rel. p. 205. — De Indis, II. 1.

capables. Enfin, tenant compte du facteur psychologique, il fait une place à la démocratie qui, en intéressant le peuple à la gestion des intérêts communs, peut servir utilement la confiance et la paix (67).

Il s'agit là d'une construction toute théorique que Vitoria ne reprend pas à son compte, bien qu'elle ait, peut-être à son insu, fortement influé sur sa pensée. Ce sont le royaume de France ou d'Aragon ou la république de Venise qui se présentent d'abord, dans leur réalité concrète, à l'esprit du moraliste et c'est sur elle qu'il est toujours tenté de raisonner. Sujet de Charles-Quint, il ne songe pas à dissimuler ses préférences monarchiques : « C'est une habitude, dans les cités qui n'ont pas de roi et vivent sous un gouvernement populaire, de vanter leur liberté. Pourtant la liberté n'est pas moindre dans un régime royal qu'en aristocratie ou en démocratie. Comme le remarque Aristote (3 Ethiq.), le gouvernement peut être : ou monarchique si un seul gouverne, ou aristocratique si le pouvoir revient aux meilleurs citoyens, ou démocratique et populaire si la multitude exerce l'autorité. J'affirme que la liberté est aussi grande dans une monarchie que dans les autres régimes. En effet, puisque c'est le même pouvoir, comme nous l'avons montré plus haut, qui est donné à un seul homme ou à plusieurs, il est bien préférable d'être assujetti à un seul homme plutôt qu'à plusieurs. Dès qu'il y a plusieurs chefs pour exercer le pouvoir, il est fatal que l'Etat souffre des séditions et des tiraillements à cause des opinions différentes de ces chefs... Le gouvernement d'un seul est donc le meilleur et c'est ainsi que l'univers est gouverné par un seul et très sage souverain. » (68).

Mais si Dieu est parfaitement sage, il n'en est pas de même

---

(67) « ...il arrive souvent que les sujets d'un Royaume travaillent plus mollement au bien commun, estimant que ce qui est utile au bien commun ne les regarde pas mais concerne le roi qui possède tous les biens de la communauté. Mais quand ils voient que le bien commun n'est pas au pouvoir d'un seul, ils n'y tendent pas comme au bien d'un seul, mais chacun comme à son bien propre. »

De Reg. Princ. I. 4.

Voir sur toute cette question le travail de M. Demongeot : *La Théorie du Régime Mixte chez St Thomas d'Aquin.* Thèse. Aix 1927.

(68) « Solent enim civitates, quae sine rege sunt, et populari administratione reguntur jactare suam libertatem. Et corollarium est : Quod non est minor libertas in regali principatu, qui in Aristocratico et Democratico. Sic enim distinguit Arist. 3 Ethic. principatus in Monarchiam, et Monarchiam

des rois de la terre et Vitoria, comme saint Thomas (69), affirme
qu'il ne faut pas livrer les peuples au pouvoir absolu du monarque. Sans doute Vitoria n'a pas traité expressément le problème
devant ses élèves, mais les textes du « *De Jure Belli* » ne laissent aucun doute sur sa pensée. Il refuse au peuple le droit de
contrôle qui lui permettrait de s'ingérer dans le gouvernement.
« Il n'est pas possible et il serait dangereux de rendre compte
des affaires publiques à tout le peuple. » (70). Mais il refuse également au monarque le droit de décider, à lui seul, des questions
capitales qui touchent à la vie et au bonheur des citoyens. « Seul,
le roi ne suffit pas pour apprécier les causes de la guerre, il est
vraisemblable qu'il peut se tromper ; son erreur entraînera alors
le malheur et la ruine d'une foule de gens ; ce n'est donc pas le
seul avis du roi, ce n'est même pas l'avis de quelques-uns, mais
bien l'opinion d'un grand nombre d'hommes sages et droits qui
doit décider de la guerre. » (71). Vitoria préconise donc un régime
où les meilleurs éléments de la monarchie et de l'aristocratie se
trouvent combinés. En étudiant le pouvoir de décision qui appartient à la majorité, nous allons être amené à faire la part du
peuple. Dès lors il semble bien que nous ne soyons plus très

---

in principatum unius, Aristocratiam, id est optimatum principatum et Demo-
cratiam, id est popularem seu multitudinis principatum. Dico ergo non esse
minorem libertatem in regali principatu quam in aliis. Probatur : Quia cum
eadem sit potestas, ut supra probatum est, sive in uno, sive in pluribus sit,
et tantum uni melius sit subjici quam pluribus (tot enim sunt domini quot
sunt superiores) ergo non est minor libertas, ubi omnes uni sunt subditi,
quam pluribus, maxime cum ubi sunt plures dominantes, plures sunt qui
potestatem ambiant : et necesse est, ut seditionibus respublica saepe laboret
propter illorum diversas sententias... Optimum ergo regnum est unius, sicut
totus orbis ab uno Principe et Domino sapientissimo gubernatur. »
Rel. pp. 122-123. — De Pol. Civ. 11.

(69) « Le gouvernement royal doit être réglé de telle sorte qu'une fois le
roi établi, toute occasion de tyrannie soit supprimée. En même temps son
pouvoir doit être disposé assez bien quant au péril pour ne pouvoir d'y déflécher facilement en tyrannie... « ad hoc quod opportuna sit regni gubernatio ut regi-
men [illegible] ut possibile soluat per occasio, sicut dictum sic ejus tempe-
ratur potestas ut in tyrannidem de facili declinare non possit. »
De Reg. Prin. I. 6.

(70) « ...Nec fas sit publicari, nec expediat rationes nationum negotiorum publi-
corum omnibus de plebe. » *Rel.* p. 202. — De jure Belli, 25.

(71) « Item quia solus Rex non sufficit ad examinandas causas belli et

éloigné du régime idéal tracé par saint Thomas sous le nom de régime mixte.

Quoi qu'il en soit de ce rapprochement, il est important de rappeler qu'aucun régime, si grands que puissent être ses avantages, n'est imposé par le droit divin ou le droit naturel. « Puisque la communauté d'Etat a le droit de s'administrer et de se décider à la majorité des voix, elle peut choisir le régime qui lui plaît, même si ce n'est pas le meilleur. Ainsi Rome eut à sa tête une aristocratie qui n'est pas le meilleur régime » (72). Les principes nécessaires que nous avons rencontrés jusqu'ici font maintenant place à des notions moins rigoureuses entre lesquelles le choix est permis. Nous quittons le domaine du droit naturel pour entrer dans le droit humain positif. Avec Vitoria, nous devrons nous arrêter aux confins de ce nouveau domaine, non sans avoir tenté de résoudre une dernière difficulté.

Le pouvoir de décision de la majorité. — Pour Vitoria, c'est le consentement de la majorité qui doit traduire la volonté de la multitude chaque fois que celle-ci est appelée à se prononcer : « La majorité de la communauté étatique peut appeler un roi à la tête de toute la communauté, malgré l'opposition de la minorité... En effet, si la communauté d'Etat peut confier à quelqu'un la puissance dont elle dispose et cela dans l'intérêt de la communauté, il est certain que l'opposition d'un seul ou d'un petit nombre ne saurait empêcher les autres de pourvoir au bien de l'Etat. Ce bien ne pourrait être réalisé si l'on exigeait un consentement unanime qui n'est guère ou n'est jamais obtenu de la multitude. Le consentement de la majorité est donc suffisant pour qu'une décision soit prise à bon droit. En voici une preuve décisive :

---

verisimile est quod potest errare imo quod errabit magno cum malo, et pernicie multorum : ergo non ex sola sententia Regis, imo nec ex sententia paucorum, sed multorum, et sapientum et proborum debet geri bellum. »

Rel. p. 262. — De Jure Belli, 24.

(72) « Nam postquam Respublica habet jus se administrandi, et id quod facit major pars facit tota : ergo potest accipere politiam, quam voluerit etiam si non sit optima, sicut Roma habuit Aristocraticam, quae non est optima. » *Rel.* p. 125. — De Pot. Civ. 14.

De même Léon XIII, Encyclique « *Humanum genus* » : « La souveraineté n'est en soi nécessairement liée à aucune forme politique, elle peut fort bien s'adapter à celle-ci ou à celle-là, pourvu qu'elle soit, de fait, apte à l'utilité et au bien commun... »

Lorsque deux partis sont d'opinions opposées, il est nécessaire
que l'un d'eux l'emporte. Mais comme ils affirment tous deux
des prétentions contradictoires et que l'opinion de la minorité ne
saurait prévaloir, il faut s'en tenir à l'opinion de la majorité. Car
si, pour élire un roi, on exige l'unanimité des suffrages, pourquoi
donc un consentement unanime serait-il plus indispensable dans
l'affirmative que dans la négative ? » (73).

On le voit, si la volonté de la majorité doit l'emporter, ce
n'est pas en vertu de la conception mécanique et tyrannique
du nombre que Rousseau préconise, c'est uniquement pour assurer le bien commun et répondre aux exigences du salut public.
« Chaque Etat peut en effet se choisir un maître et pour cela
un consentement unanime n'est pas indispensable, il semble
que suffise le consentement de la majorité des citoyens. Comme
nous l'avons montré ailleurs, quand il s'agit du bien de l'Etat,
ce qui est établi par la majorité demeure, malgré les opposants,
autrement on ne pourrait jamais rien faire d'utile à l'Etat puisqu'il est difficile que tous soient du même avis. » (74).

« Cette volonté, écrit M. Tischleder, ne décide pas la question de savoir si un Etat doit être, en général, formé ou non,

---

(73) « Major pars Reipublicae Regem supra totam Rempublicam constituere potest aliis invitis... Si enim Respublica suam potestatem uni alicui
mandare potest, et hoc propter utilitatem Reipublicae, certum est non obstare
dissensus unius aut paucorum, quominus caeteri providere possint bono Reipublicae : alias non esset sufficienter consultum Reipublicae si consensus
omnium exigeretur, cum ille in multitudine, aut vix aut numquam contingat,
satis ergo est ut major pars conveniat in unum ut jure aliquid fiat. Item
probatur efficaciter : Quia duabus partibus dissentientibus, opportet ut prae-
valeat sententia alicujus partis necessario. Postquam enim contradictoria
volunt, et non debet praevalere sententia minoris partis : ergo sequenda est
sententia majoris partis. Nam si ad creandum Regem requiritur consensus
omnium, quare etiam non requiritur consensus omnium ad affirmativam quam
ad negativam ? »
Rel. pp. 123-124. — De Pot. Civ. 14.
(74) « Quaelibet enim Respublica potest sibi constituere dominum, nec ad
hoc esset necessarius consensus omnium, sed videtur sufficere consensus
majoris partis. Quia sicut alias disputavimus in his, quae spectant ad bonum
Reipublicae, illa quae constituentur a majori parte, tenent, etiam aliis contra-
dicentibus : alias nihil potest geri pro utilitate Reipublicae cum difficile sit,
ut omnes conveniant in unam sententiam... »
Rel. p. 242. — De Indis, III, 16.

puisqu'il existe déjà de droit naturel ; elle décide seulement du choix de la forme de l'Etat dans l'Etat déjà fondé. Vitoria soutient à l'opposé de Rousseau que la formation des Etats est, en général, un phénomène naturel d'ordre moral, qui laisse bien dans le particulier un certain jeu à la liberté humaine, mais qui, dans l'ensemble, met l'Etat à l'abri de l'arbitraire humain. D'après Vitoria, la volonté de la majorité est, en général, limitée par le droit naturel qui se place au-dessus d'elle et lui sert de barrière. » (75).

A cette barrière viendront s'ajouter le plus souvent des droits acquis au cours de l'histoire : « Les barbares ont véritablement des princes et des maîtres ; le peuple ne peut donc pas, sans cause raisonnable, se choisir de nouveaux maîtres, ce qui porterait préjudice aux premiers. Inversement les maîtres du peuple ne peuvent créer un nouveau prince sans l'assentiment du peuple. » (76). La majorité doit donc respecter les droits historiques, sans toutefois leur sacrifier le bien de l'état, notion primordiale à laquelle il faut toujours revenir (77).

Ainsi fondé sur la nécessité de tendre au bien commun, le pouvoir de décision de la majorité semble fortement établi sans préjuger des cas où ce pouvoir peut être appelé à intervenir pratiquement.

Nous avons essayé de suivre la pensée de Vitoria en lui don-

---

(75) P. Tischleder : *Ursprung und Träger der Staatsgewalt nach der Lehre des hl. Thomas und seiner Schule.* M. Gladbach, 1923.

(76) « Item cum illi (ut supra dictum est) haberent veros dominos et Principes, non potest populus sine alia rationabili causa accessere novos dominos : quod est in detrimentum priorum. Item nec a contrario ipsi domini possunt novum Principem creare sine assensu populi. » *Rel.* p. 207. — De Indis, II, 16.

(77) C'est également l'enseignement de Léon XIII : « Rien n'empêche que l'Eglise n'approuve le gouvernement d'un seul ou celui de plusieurs *pourvu que ce gouvernement soit juste et appliqué au bien commun. Ainsi, réserve faite des droits acquis,* il n'est point interdit aux peuples de se donner telle forme politique qui s'adapte mieux ou à leur caractère propre ou aux institutions et coutumes qu'ils ont reçues de leurs ancêtres. (*Enc. Diuturnum.*)

« En politique plus qu'ailleurs surviennent des changements inattendus. Ces changements sont loin d'être toujours légitimes à l'origine. Il est même difficile qu'ils le soient. Pourtant le critérium suprême du bien commun et de la tranquillité publique impose l'acceptation de ces nouveaux gouvernements établis en fait à la place des gouvernements antérieurs, qui, en fait ne sont plus. Ainsi se trouvent suspendues les règles ordinaires de la transmission des pouvoirs et il peut se faire même qu'avec le temps elles se trouvent abolies. » (*Enc. Notre Consolation*).

nant une rigueur logique qui n'entrait pas dans le plan du professeur. Nous avons considéré successivement la nécessité du pouvoir public, sa fin et son origine ; déjà nous avons aperçu son unité et son identité essentielles sous la variété des formes. C'est à ce problème qu'il faut maintenant nous attacher en étudiant l'essence même du pouvoir public et la théorie organique de l'Etat.

___

La Théorie organique de l'État

___

1° La notion d'État.

Qui veut approfondir un peu la notion d'État doit d'abord
résoudre une question essentielle : Quel est le principe consti-
tutif de l'État qui lui donne d'exister comme tel et qui le distingue d'autres notions plus ou moins voisines comme celle de
nation ou de gouvernement ? Un examen, même rapide, montre
que dans tout État, le principe d'unité et de vie, c'est le pouvoir
public. C'est lui qui, en actualisant l'État, lui permet d'exister,
c'est seulement lorsqu'il commence à se dégager et à s'affirmer
que l'État devient un sujet de droit, une véritable personne
morale avec toutes les prérogatives attachées à ce titre. La nation, en effet, peut bien précéder l'État dans l'ordre de l'existence et lui servir de soutien après sa formation ; considérée
en elle-même, elle demeure quelque chose de vague et d'indéter-
miné qui se dérobe aux rigueurs de l'analyse. Il suffit pour
s'en convaincre de lire quelques-uns des nombreux travaux qui
lui ont été consacrés. Tous les critères invoqués : langue, race,
religion, etc..., ont dû être successivement abandonnés et l'on
préfère actuellement s'en tenir à un certain « vouloir-vivre »
collectif, quasi inconscient chez la plupart des citoyens. Il nous
semble qu'il y a là une pure tautologie, car ce que l'on cherche
à savoir c'est précisément pourquoi telle ou telle multitude
d'hommes « veut vivre » d'une vie commune. Sans poursuivre
ici une discussion qui nous entraînerait trop loin, nous pou-

vons dire avec le R. P. Delos (78) que « la nation est un milieu social aux critères variables où se développe l'individu. Il subit là une préformation physiologique et mentale qui crée une manière d'être et d'agir. C'est une détermination exercée sur la nature nue et une éducation, dont profite chaque national ». Que de ce milieu social la puissance publique vienne à jaillir, qu'elle s'exerce par l'intermédiaire du gouvernement sur les individus qui composent la nation et dans les limites du territoire qu'ils occupent et voilà l'Etat constitué.

Qu'est-ce que l'Etat ? demande Vitoria, et de répondre aussitôt : « L'Etat est à proprement parler une communauté parfaite ; mais il reste à définir la communauté parfaite.

« Pour cela, il faut remarquer que « parfait » a le même sens que « complet ». C'est une imperfection d'être privé de quelque chose et, au contraire, c'est la perfection de ne manquer de rien. Est donc parfait l'Etat ou la communauté qui, de soi, forme un tout, c'est-à-dire qui ne fait pas partie d'un autre Etat, mais possède ses lois, ses conseils, ses magistrats. Tels sont les royaumes de Castille et d'Aragon, le principat de Venise et autres semblables.

« Rien n'empêche que plusieurs principats ou Etats parfaits n'obéissent à un prince commun. Un tel Etat ou son prince ont seuls l'autorité suffisante pour déclarer la guerre. » (79).

C'est là une définition purement descriptive qui peut paraître superficielle. Remarquons cependant qu'elle s'éclaire de ce que nous avons déjà dit et nous permet de reconnaître dans

---

(78) Cours professé à l'Ecole des Hautes Etudes Internationales - **Paris** 1927.

(79) « Sed tota difficultas est quid est Respublica et quis proprie dicitur princeps ? Ad hoc breviter respondetur quod Respublica proprie vocatur perfecta communitas : sed hoc ipsum est dubium quae sit perfecta communitas.

Pro quo notandum, quod perfectum idem est quod totum. Dicitur enim imperfectum, cui aliquid deest et a contrario perfectum, cui nihil deest. Est ergo perfecta Respublica aut communitas quae est per se totum, id est, quae non est alterius Reipublicae pars, sed quae habet proprias leges, proprium consilium et proprios magistratus, quale est regnum Castellae et Aragoniae, **et** Principatus Venetorum et alii similes.

Nec enim obstat quin sint plures Principatus et Respublicae perfectae **sub** uno principe. Talis ergo Respublica, aut Princeps illius habet autoritatem indicendi bellum et solum talis. »

Rel. p. 255. — De Jure Belli, § 7.

l'Etat la présence d'un double principe : l'un de diversité, parce qu'il ne saurait y avoir de communauté sans une certaine multitude d'hommes pourvus de facultés et de besoins inégaux ou différents ; l'autre d'unité parce que les institutions et les lois font de la communauté un organisme vivant en lui donnant sa plénitude d'existence et sa perfection. Saint Thomas, avec beaucoup plus de netteté que Vitoria, avait déjà insisté sur ce double principe : « Le gouvernement n'est autre que la direction des gouvernés vers leur fin, fin qui est un certain bien, car de même que toute chose désire le bien, de même elle désire l'unité, condition même de son existence, car toute chose est dans la mesure où elle est une. Par conséquent, les choses répugnent le plus possible à ce qui les divise et la dissolution d'une chose provient toujours d'un défaut d'unité de cette chose. C'est pourquoi ce que poursuit celui qui gouverne une multitude c'est l'unité ou paix. » (80).

Mais si l'unité est indispensable pour constituer un tout, elle ne doit pas naître d'une uniformité qui rendrait impossible toute vie politique et substituerait à un être complexe et organisé une simple agglomération d'individus. « Dans la nature, un être n'est parfait et ne forme un tout que s'il est composé de diverses parties spécifiques. Puisque la cité est un tout parfait, elle doit se composer d'éléments spécifiquement différents. » (81).

L'Etat vit de la fusion de ces deux principes, de sorte qu'il est toujours difficile et parfois dangereux de les isoler même aux fins d'analyse. En opposant le prince à ses sujets, le gouvernement à la nation, on court le risque de trahir la pensée que l'on veut exposer et de la rendre méconnaissable. Aussi

---

(80) « Gubernatio nihil aliud est quam directio gubernatorum ad finem, qui est aliquod bonum. Unitas autem pertinet ad rationem bonitatis, ut Boetius probat, per hoc quod sicut omnia desiderant bonum. Ita desiderant unitatem, sine qua esse non possunt : unumquodque intantum est inquantum unum est. Unde videmus quod res repugnant suae divisioni quantum possunt, et quod dissolutio uniuscujusque rei provenit ex defectu illius rei. Et ideo id ad quod tendit intentio multitudinem gubernantis, est unitas sive pax. » I^a, q. CIII, art. 3.

(81) « Omne totum perfectum in rebus naturalibus invenitur esse constitutum ex partibus diversis secundum speciem... Cum civitas sit quoddam totum perfectum, oportet consistat ex partibus dissimilibus secundum speciem. » I^a q. XI, ar. 2.

Vitoria évite-t-il le plus souvent de faire la distinction ; les mots
« communitas » et « respublica » qu'il emploie constamment
ont presque toujours pour lui la même signification, la communauté n'étant rien autre que la multitude organisée et déjà
constituée en régime d'Etat. Un autre écueil surgit alors, ce
sont les imprécisions, confusions ou contradictions que l'on a
quelquefois reprochées aux scolastiques (82). C'est un point
sur lequel nous reviendrons bientôt.

1º Vitoria et Suarez.

Quoi qu'il en soit, Vitoria reste fidèle à la théorie organique de l'Etat qu'il a empruntée de saint Thomas. Le pouvoir
public demeure le principe d'unité et de vie indivisible dans
son essence, mais qui, animant des organes différents et multiples, se manifeste sous les aspects les plus divers, dans toutes
les branches de l'activité nationale : « Le pouvoir séculier réside
dans l'Etat tout entier et de là se transmet aux magistrats et
aux autres pouvoirs. » (83). La communauté conserve, comme
nous l'avons dit, la liberté de s'organiser en fonction du bien
commun, mais la variété des institutions ne modifie pas la nature du pouvoir : « Bien que (le pouvoir royal) soit établi par
la communauté d'Etat — car c'est elle qui crée le roi — ce n'est
pas un autre pouvoir, mais sa propre autorité qu'elle transfère
au roi ; il n'y a pas deux pouvoirs dont l'un appartiendrait au
roi et l'autre à la communauté. » (84).

Mais il ne s'ensuit pas, comme le prétendra Suarez, que
l'Etat doive d'abord s'organiser en démocratie : « Il y a des
auteurs, même des auteurs chrétiens, pour nier non seulement
que le pouvoir royal émane de Dieu, mais encore pour soutenir que tous les rois, ducs, princes, sont des tyrans et des ravisseurs de la liberté ; ils sont même tellement opposés à toute
domination et à tout pouvoir, la forme républicaine exceptée,
qu'ils veulent étayer cette affirmation par des textes et des rai-

---

(82) ZIGLIARA. — *Summa Philosophica*. T. III, p. 271 et suiv.

(83) « ... nam potestas secularis est in tota republica et ab illa derivatur
in magistratus et in alias potestates. »

Rel. p. 67. — De Pot. Eccl. 1

(84) « Quamvis enim a Republica constituatur (creat namque Respublica
Regem) non potestatem sed propriam authoritatem in regem transfert, nec
sunt duae potestates, una regia, altera communitatis... »

Rel. p. 120 — De Pot. Civ. 8.

sonnements. » Vitoria énumère les uns et les autres, puis il conclut : « Comment, dès lors, s'étonner que des factieux, perdus d'orgueil et d'ambition, fomentent des séditions contre leurs princes ? » (85). Sans doute les critiques ici formulées ne pourraient être toutes retournées contre Suarez, car celui-ci, comme Vitoria, affirme que le pouvoir dont dispose la communauté vient directement de Dieu. Mais pour Vitoria ce pouvoir est une forme pure qui, suivant les circonstances, pourra s'exercer par l'intermédiaire des institutions les plus différentes. Pour Suarez, au contraire, le pouvoir public s'incarne d'abord, si l'on peut dire, dans la démocratie du fait même que la communauté a reçu le pouvoir de s'administrer elle-même. Dans la suite, la communauté peut se donner un autre régime à son choix. Alors intervient entre gouvernants et gouvernés un véritable contrat qui transfère à la fois la jouissance et l'exercice du pouvoir. Ainsi se trouve fixée la situation respective des parties : la sujétion de l'une et l'autorité de l'autre, en vertu de la règle « *Pacta servanda* ». « ...Lorsque le peuple s'est assujetti, il ne lui est pas permis de restreindre le pouvoir du roi au delà de ce qui a été convenu au moment du premier transfert. La loi de justice ne le permet pas, car elle enseigne que les conventions légitimes doivent être observées et qu'une donation validement faite ne peut être révoquée ni pour le tout ni pour partie, particulièrement lorsqu'elle comporte des charges. » (86).

L'organisme unique et complet que Vitoria nous montrait

------

(85) « De qua non desunt aliqui, etiam de numero Christianorum, qui non solum negant regiam potestatem esse a Deo, sed etiam omnes Reges, Duces, Principes, dicunt esse tyrannos, et hujus libertatis esse praedones, adeo infensi sunt omnibus dominationibus et potestatibus non directixal Republica excepta : quod etiam probare conantur authoritatibus et rationibus... Unde homines factiosi corrupti superbia et ambitione, nihil mirum, si adversus Principes seditiones movent. »

Rel. p. 118 — De Pot. Civ. 7.

A remarquer que le mot « Respublica » est employé ici dans le sens où nous entendons aujourd'hui la démocratie. Cette acception est très rare chez Vitoria.

(86) « Atque eadem ratione non licet populo semel subjecto potestatem regis magis restringere quam in prima translatione, seu conventione restricta fuit, quia id non permittit lex illa justitiae quae docet legitima pacta servanda esse et donationem absolutam semel valide factam revocari non posse, neque in totum, neque ex parte et maxime quando onerosa fuit. »

Suarez : *Defensio Fidei*, Livre III, Ch. 3, N° 4.

mû par le pouvoir public vers la réalisation du bien commun fait donc place ici à deux contractants qui déterminent librement les droits et les obligations de chacun d'eux. Le pouvoir de contrainte prend ainsi sa source dans la volonté subjective et non plus dans le bien commun objectif qui est sa véritable raison d'être. Nous sommes très loin, on le voit, de la théorie organique de l'Etat telle que l'entendent saint Thomas et Vitoria. On peut regretter qu'en essayant d'y rallier Suarez, M. Rommen ait négligé quelques réserves indispensables (87).

Il nous suffit ici d'indiquer le problème. Une analyse minutieuse de la pensée de Suarez, si souple et si éclectique, nous entraînerait beaucoup trop loin. Remarquons seulement qu'en substituant au droit institutionnel et objectif de la communauté organisée, le droit contractuel et subjectif du peuple ou du gouvernement, Suarez lançait pour deux siècles le droit public dans une fausse direction. Indirectement et bien à son insu, il préparait les voies aux théories du Contrat social et au mythe de la souveraineté populaire.

Parmi les théologiens, la doctrine de Suarez ne pouvait provoquer d'aussi graves répercussions. Pourtant c'est elle, nous semble-t-il, qui se trouve à l'origine d'une controverse qui n'est pas encore apaisée. Puisqu'il n'y a plus un organisme vivant dont on ne peut guère considérer les éléments, tête, tronc ou membres comme des pièces détachées, mais, d'une part les gouvernés et de l'autre les gouvernants, on va se demander quel est le véritable « sujet » du pouvoir. Est-ce au chef que Dieu a d'abord confié l'autorité ? Ou bien est-ce au peuple pour lui permettre d'en user comme d'une véritable monnaie d'échange et d'en faire donation sous certaines conditions ? La discussion ainsi ouverte est savamment entretenue; de part et d'autre, on la renforce de textes et d'arguments sans pouvoir aboutir à une solution satisfaisante. Pour y parvenir, il faut retrouver la pensée même de Vitoria et de saint Thomas.

3° Vitoria et le cardinal Zigliara.

La nécessité du pouvoir public. — Si, prenant la Somme philosophique de Zigliara, nous parcourons à nouveau les étapes que

---

(87) Heinrich Rommen : *Die Staatslehre des Franz Suarez*, S. J. München-Gladbach 1926.

nous avons franchies dans la première section de ce chapitre, nous remarquons, sauf sur un point, une parfaite concordance entre la pensée des deux théologiens : « La multitude est nécessaire pour qu'il y ait une société, mais si cette multitude n'est pas réduite à l'unité, il n'y a pas de société. Cette unité lui est donnée par sa fin, par le bien commun comme nous l'avons dit plus haut. Or, comme les hommes sont égaux par nature, si l'on s'en remet à chacun de déterminer la fin commune, il y en aura autant que de membres dans la société et par conséquent autant d'efforts divergents tendant vers cette fin. Ainsi, privée de la fin qui fait son unité, la société périrait du gaspillage de ses forces. Il est donc de l'essence de la société qu'un principe détermine le bien commun et dirige vers lui les forces unies des citoyens. C'est ce principe qui porte le nom de *pouvoir* ou *d'autorité sociale* ». Résumant son argumentation, Zigliara conclut : « Si donc nous appelons élément *formel* le principe qui confère à la multitude son unité, et élément *matériel*, la multitude elle-même qui reçoit cette unité, nous aurons une société formée nécessairement d'un double élément essentiel : l'un matériel qui est la multitude, l'autre formel qui est l'autorité publique elle-même. » (88).

La conception organique de l'Etat. — Vitoria n'a omis aucun détail de la démonstration qui précède, mais Zigliara en tire immédiatement la conséquence logique avec plus de rigueur encore : « La société humaine est donc une personne morale *organique* et non un *automate*.

« Pour comprendre cette vérité essentielle en politique, il faut remarquer qu'un être *organique* possède une *activité* et une vie propres qui lui permettent de se mouvoir même sous la dépendance d'un autre et c'est pourquoi il peut, du moins physiquement, résister au principe qui le meut. Au contraire, un *automate* est privé d'activité, il subit passivement l'impulsion du dehors sans avoir aucun moyen de lui résister. C'est en ce sens que le *principat* est despotique ou politique. « Il est *despotique*, comme nous l'avons déjà remarqué avec saint Thomas (Ps. 47, VI), lorsque le prince commande à des esclaves

---

(88) Zigliara : *Summa philosophica,* 15° éd. Paris 1912. P. 256.

qui (comme des *esclaves*) n'ont aucun moyen de résister à l'ordre reçu parce qu'ils ne possèdent rien en propre. Il est *politique et royal* lorsque le prince commande à des hommes *libres :* bien que ceux-ci soient assujettis au gouvernement de leur *chef*, ils gardent la possibilité de résister à son autorité. »

Après une nouvelle comparaison tirée des rapports de l'âme et du corps, Zigliara conclut : « La société politique est donc formée d'individus et mieux encore de sociétés particulières qui ne deviennent pas esclaves, mais qui demeurent libres dans une société plus grande dont elles sont les membres *vivants*. On peut donc parler en toute vérité d'*organisme* social, mais non de mécanisme social, comme on le fait couramment. » (89).

Nous ne connaissons pas d'exposé plus net de la théorie organique de l'État. Zigliara figurerait-il parmi les théologiens auxquels M. Hauriou n'a pas craint de recourir pour élaborer sa doctrine de l'état corporatif ?

Le sujet du pouvoir public. — Si nous négligeons l'étude du bien commun à laquelle Zigliara n'apporte aucun élément nouveau, nous retrouvons le problème de l'origine du pouvoir. La question offre ici un grand intérêt parce que Zigliara se réfère longuement à Vitoria et qu'il est probablement le premier des modernes à l'avoir étudié de ce point de vue.

L'homme est, par sa nature, destiné à vivre en société, mais comme il n'y a pas de société sans une autorité qui la régisse, le pouvoir prend, lui aussi, sa source dans la loi naturelle. Or celle-ci n'est qu'une participation de la loi divine. Le pouvoir public vient donc de Dieu. Zigliara passe rapidement sur ces syllogismes : « Les difficultés que l'on oppose à notre thèse, écrit-il, ne tiennent pas précisément à l'origine du pouvoir, mais plutôt au sujet qui en est revêtu, avec mission de l'exercer. Aussi est-ce à résoudre cette seconde question que nous en arrivons immédiatement. Les partisans du « pacte social » font dériver l'autorité comme nous l'avons vu, des *associés :* en conséquence, ils font reposer l'autorité dans la multitude comme en son *sujet naturel*. Il en résulte un droit inaliénable auquel le peuple ne peut jamais renoncer. De là la théorie de la *majesté populaire* et du *peuple souve-*

---

(89) *Ibid*, pp. 258-9.

rain... Je ne nie pas et cela n'est pas niable, que le pouvoir public ne réside dans la société, la société étant un composé de multitude et d'autorité, l'autorité réside nécessairement dans la société comme les termes eux-mêmes l'impliquent. Mais je nie que la multitude, le peuple, les citoyens pris individuellement ou collectivement soient le sujet de la puissance publique... Pour être le sujet du pouvoir, il faut être capable de l'exercer, car le pouvoir est ordonné par essence au gouvernement de l'État. Or, nul ne conteste que la multitude ne soit incapable de se gouverner elle-même. La multitude, le peuple, ne peuvent donc être le sujet du pouvoir public. » (90).

À quoi l'on répond, et nous résumons ici l'argumentation de Zigliara, que le pouvoir réside bien dans la multitude, mais que celle-ci, ne pouvant l'exercer, le confie à des représentants qu'elle choisit et qui doivent, en son nom, pourvoir au bien public.

Mais alors Zigliara triomphe : « Ou ces délégués sont véritablement des législateurs et des gouvernants avec pouvoir de faire des lois et d'obliger la multitude à les observer, et, en ce cas, ils seront des chefs véritablement supérieurs à la multitude et aucun artifice de langage ne pourra faire que, d'elle à eux, la souveraineté ne remonte pas... Ou bien ils ne sont en effet que les vicaires, les instruments et comme les voix de la multitude ; alors la multitude ne peut être soumise à une autorité qui n'existe pas dans ces instruments, mais elle garde le pouvoir en elle avec le droit d'approuver ou de rejeter les lois qu'ils ont portées. » (91). Cette dernière hypothèse de la multitude, gardant à la fois la jouissance et l'exercice du pouvoir, ne mérite pas l'honneur d'une discussion. La démocratie formelle est une absurdité que Zigliara rejette comme telle.

Ayant ainsi fait bonne justice de ses adversaires, Zigliara en arrive à préciser la position des scolastiques sur ce point délicat : « La thèse que nous défendons, écrit-il, semble diamétralement opposée à la doctrine des scolastiques qui s'accordent pour enseigner que l'autorité réside dans le peuple.

« Citons d'abord François Vitoria, « le plus grand maître de théologie », comme l'appelle à juste titre Melchior Cano. *De Locis Theologicis*, Lib. XII :

____

(90) *Sum. Phil.* T. III, pp. 269-70.

(91) *Sum. Phil.* T. III, p. 270 et V. BOUILLON: *La politique de St Thomas:* pp. 52-53.

— 47 —

« La cause matérielle, douée de la puissance publique par le droit naturel et divin, c'est la communauté d'état à laquelle il appartient de se gouverner et de s'administrer elle-même et de tendre avec toutes ses forces au bien commun. En voici la preuve : D'après le droit naturel et divin, il existe un certain pouvoir de gouverner l'état, mais si l'on fait abstraction du droit positif et humain, il n'y a pas de raison que ce pouvoir revienne à l'un plutôt qu'à l'autre. Il est donc nécessaire que la communauté se suffise à elle-même et possède le pouvoir de se gouverner. En effet, si avant que les hommes ne se réunissent pour former un état, nul n'est supérieur aux autres, il n'y a pas de raison pour que, lorsqu'ils se réunissent à cette intention, l'un ou l'autre revendique un pouvoir sur le reste des citoyens. (92).

« Dans le même sens se prononcent Dominique Soto, Banez, Suarez, Bellarmin, Natalis Alexander et beaucoup d'autres dont l'autorité trompa Spediabieri, Mamiani et les partisans du pacte social et de la majesté populaire.

« Je ne cacherai pas, continue Zigliara, qu'il y a quelque obscurité dans les doctrines enseignées par les scolastiques. Ils ont écrit à une époque où les questions politiques n'étaient pas discutées comme elles le sont de nos jours et paraissent excusables de n'avoir pas toujours recouru aux distinctions subtiles qui auraient évité toute équivoque. » (93).

Cette réserve faite, Zigliara n'a pas de peine à montrer que les scolastiques qui placent en Dieu l'origine de toute autorité sont bien loin des rationalistes, qui voient dans l'homme et dans le contrat social la véritable source du pouvoir.

« Mais pourquoi donc les scolastiques, comme les rationalistes, voient-ils dans la multitude le véritable sujet du pouvoir ? Ils ont considéré d'une façon abstraite la société, les individus, l'autorité. Il en résulte : 1° que tous les individus sont parfaitement égaux ; 2° que le pouvoir n'est dans aucun d'eux ; 3° qu'il est donc dans la multitude en quelque manière ; 4° qu'il n'est pas dans la multitude comme dans sa source, ni comme dans le sujet qui l'exerce, puisque la multitude est incapable de l'exercer ; 5° qu'il est donc dans la multitude comme dans le sujet déterminant la personne ou les personnes auxquelles le pouvoir sera conféré par Dieu.

(92) Cf. supra, p. 29.
(93) *Sum. Phil.* T. III, p. 271-2.

Telle est, si je ne me trompe, la pensée des docteurs de l'Ecole, comme en font foi les textes précédemment cités et le suivant : « Nous préférons dire, avec tous les gens raisonnables, que la monarchie ou la puissance royale est juste et légitime. Bien plus, je soutiens que les rois ne tiennent leur pouvoir que du droit divin et du droit naturel et non de la communauté ou de la multitude ». La multitude n'est donc pas le sujet du pouvoir et Vitoria ajoute que la communauté crée bien le roi mais pas le pouvoir.... Il veut donc dire que la multitude n'est pas le sujet du pouvoir, mais en détermine seulement le véritable sujet. » (94).

Au terme de cette longue argumentation, il nous est bien permis d'étendre à Zigliara, sur le point qui nous occupe, le reproche d'obscurité qu'il adressait aux scolastiques. Après avoir affirmé l'opposition absolue des thèses en présence, il s'efforce de les concilier sans laisser au lecteur une impression très nette. Il est bien naturel que Zigliara ait hésité à dresser les définitions de Léon XIII (95) contre l'enseignement de la théologie scolastique et qu'il se soit efforcé de trouver des points de rapprochement. Sa tentative est certes légitime, mais elle nous paraît insuffisante.

Remarquons d'abord avec M. Bouillon que l'enseignement de Suarez diffère sur de nombreux points de celui de Saint Thomas ou de Vitoria et qu'il est donc impossible de parler en bloc de l'Ecole ou des doctrines scolastiques sans faire les distinctions indispensables.

Ceci posé, il est très exact que Vitoria reconnaît au peuple un droit d'élection parfaitement conciliable avec le texte de l'encyclique « Diuturnum », mais comme M. Bouillon : « Nous ne sommes pas sûrs que Zigliara, dans l'effort méritoire qu'il tente pour ramener la doctrine des scolastiques à la thèse immédiate qui est la sienne et qu'ont depuis favorisée tous les documents pontificaux ayant abordé ce sujet, n'ait pas excédé quelque peu la mesure de la bienveillance. » A côté du texte invoqué en dernier lieu par Zigliara, il en est beaucoup d'autres qui font remonter l'origine du pouvoir à la communauté elle-même et c'est généralement sur ces textes qu'insistent le plus volontiers les commentateurs. Citons seulement le dernier en date : « La qualification de la communauté

---

(94) Summ. Phil. T. III p. 273

(95) « Ce choix (de la multitude) désigne la personne du prince mais il ne confère pas les droits du principat ; l'autorité n'est pas donnée mais est déterminé celui par qui elle devra être exercée. » Enc. Diuturnum.

d'état comme *causa materialis*, comme *subjectum capax* qui anime la puissance étatique, comme *vis ordinatrix*, comme *vis et potestas gubernans et protegens*, donc comme *causa formalis*, qui la détermine et la vivifie, cette qualification, dis-je, accentue davantage le caractère organique de l'Etat et par cette mise en évidence plus forte de l'immanence du pouvoir public dans le corps de l'Etat exclut d'une façon plus nette l'idée d'un détenteur du pouvoir — différent de l'organisme d'Etat et opposé à celui-ci en une seule personne, en un seul individu. » (96).

Faut il donc élargir le fossé que Zigliara s'efforce de combler et affirmer l'irréductible opposition des thèses en présence ? Nous ne le pensons pas. Il n'est pas rare qu'un conflit d'idées, en apparence contradictoires, ne se résolve finalement en une simple bataille de mots. Avant d'entrer en lice, les adversaires négligent de mesurer leurs armes et ne s'assurent pas avec assez de soin qu'ils donnent aux termes qu'ils emploient une signification commune. Reprenons les thèses en présence :

Zigliara déclare : 1° que le pouvoir public réside forcément dans l'Etat puisque l'Etat est un composé de multitude et d'autorité ; 2° que la multitude, le peuple, ne sont pas les sujets du pouvoir, investis de l'autorité avec mission de l'exercer.

Vitoria, dans les nombreux textes que nous avons cités affirme tantôt que le pouvoir public réside immédiatement dans la communauté, tantôt que celle-ci désigne le ou les titulaires du pouvoir. Zigliara, nous l'avons vu, s'autorise de cette dernière affirmation pour rallier Vitoria à sa thèse. Encore faut-il pouvoir rendre raison des textes qui semblent la contredire ! Empruntons au P. Billot un commencement d'explication :

« Puisque la constitution de tout gouvernement politique est
« d'institution humaine, elle ne saurait être réalisée que par celui
« à qui de droit revient le soin de la communauté. Or, *avant toute*
« *constitution de gouvernement légitime, le soin de la commu-*
« *nauté n'est, de droit, dévolu à personne sinon à la communauté*
« *elle-même.*

« Donc, c'est de la communauté que doit provenir la loi insti-
« tuant et la forme politique et l'investiture du pouvoir. Aussi

---

(96) P. Tischleder : *Ursprung und Träger der Staatsgewalt nach der Lehre des hl. Thomas und seiner Schule* — München Gladbach 1923, p. 123.

« Saint Thomas parlant en général de la loi dit-il (I-II, q. xc a 3)
« La loi proprement, regarde premièrement et principalement
« l'ordre au bien commun. Mais ordonner une chose au bien
« commun appartient *ou* à la communauté tout entière *ou* à quel-
« qu'un qui tient le rôle de la communauté. Il s'ensuit que le pou-
« voir de faire la loi appartient ou à toute la communauté ou à
« la personne publique qui a le soin de la multitude dans sa tota-
« lité. Car, même en toutes les autres choses, ordonner à la fin
« appartient à celui qui a cette fin en propre. » Il faut, en ce texte,
« noter la disjonction « ou à la communauté, ou à quelqu'un qui
« tient le rôle de la communauté. » Or, il est évident que la loi
« fondamentale instituant la forme et le mode de gouvernement,
« donnant au prince l'investiture de l'autorité qui en fait une
« personne publique, ne peut en aucune façon avoir pour origine
« le prince lui-même. Il faut donc qu'à la seule communauté
« appartienne le pouvoir appelé par les modernes pouvoir consti-
« tuant, et que d'elle seule dérive prochainement en la personne
« du prince le droit de gouvernement. » (97).

Voilà qui donne raison aux scolastiques, mais sans contredire
Zigliara. C'est que, il faut le remarquer soigneusement, le P. Billot se place sur le même terrain que les scolastiques, c'est-
à-dire au même degré d'abstraction. Le fait qu'il s'en tient à un
texte de Saint Thomas particulièrement célèbre et qui a suscité
d'innombrables controverses ne nuit en rien à notre démonstration puisque, nous l'avons déjà montré, la pensée de Vitoria
diffère très peu de celle de Saint Thomas sur les points essentiels.
Saint Thomas envisage donc, dans une double hypothèse, une
société en voie d'organisation, mais où rien encore n'est organisé
et une société déjà formée qui possède une organisation. Dans le
premier cas, c'est à la communauté qu'appartient le pouvoir, en
tant qu'elle est chargée à la fois et de l'organiser et d'en désigner
le détenteur, dans le second cas elle aura seulement à en désigner
le détenteur.

Il y a là deux étapes successives et très différentes. En négli-
geant de les distinguer soigneusement, on crée une source féconde
de malentendus. De Saint Thomas à Vitoria, de Suarez à Rousseau, ce que l'on a appelé la souveraineté populaire passe par tout
une série de demi-teintes et de nuances parfois très subtiles. Peu

---

(97) P. Billot : De Ecclesia Christi. T. I, c. III, q. XII, § 3.

à peu la pensée des grands scolastiques a été déformée au point
de devenir méconnaissable. Pourtant, ce sont toujours les mêmes
autorités que l'on cite, les mêmes textes que l'on invoque. Les éti-
quettes demeurent les mêmes, mais ce qu'elles recouvraient a
changé de nature.

Le P. Billot écrit encore :

« Notons toutefois avec soin qu'il n'est pas nécessaire que ce
pouvoir de la communauté s'exerce par la voie formelle du suffrage, et surtout du suffrage supputé arithmétiquement. A moins,
en effet, de nous cantonner dans la fiction d'un monde imaginaire,
nous constaterons qu'en fait les constitutions politiques, et surtout
celles qui présentent le plus de solidité et de stabilité, se ramènent
à cette forme de loi qu'on appelle la « coutume », dans laquelle
la volonté réglée par la raison pour fonder le droit s'exprime dans
l'usage lui-même et dans les faits. Il n'arrive que très rarement
que le peuple se donne à lui-même d'une façon délibérée une
forme de régime politique. La plupart du temps, ce sont les événements eux-mêmes, dépendant d'ailleurs d'une variété presque in-
finie de circonstances, qui préparent et amènent les gouvernements
auxquels l'adhésion pratique du peuple confère ensuite l'existence
juridique. Peu importe les débuts de ces régimes politiques ; peu
importe que la prise de possession du pouvoir ait été initialement
le résultat d'une injuste violence ou d'une évolution régulière,
puisque dans tous les cas, cette occupation du pouvoir ne devient
institution légitime que par le consentement de la communauté,
lequel, en toute hypothèse, conserve la même nature et possède
la même efficacité. »

Ce passage contient également une indication à retenir. Ce consentement de la communauté qui possède une efficacité propre
est encore une participation au pouvoir. C'est de ce point de vue
qu'il est permis de dire très particulièrement que le pouvoir réside
constamment dans la communauté. Notons que Zigliara s'en était
aperçu : « (Le principal) dit-il, est politique et royal lorsque le
prince commande à des hommes libres, bien que ceux-ci soient
assujettis au gouvernement de leur chef, ils gardent la possibilité
de résister à son autorité. » Qu'on ne dise pas qu'il y a dans cette
interprétation une confusion de termes, que le pouvoir du gouvernement et la liberté des sujets n'ont rien de commun, l'un n'ayant
qu'à commander et les autres qu'à se soumettre. Dès lors que l'on
considère l'Etat comme un organisme vivant et non comme un

automate, il faut bien admettre une interaction profonde des deux éléments l'un sur l'autre (98). Nous n'avons poussé si loin cette discussion d'aspect purement théologique que pour faire intervenir ici, en dernière analyse, une notion juridique susceptible d'apporter dans ce débat de précieux éclaircissements. C'est, croyons-nous, à M. Hauriou qu'il faut demander sur ce point les explications les plus nettes :

« La définition la plus classique de la Souveraineté de l'Etat, qui est celle de la doctrine allemande de la *Herrschaft*, laisse bien entendre qu'il y a dans la Souveraineté un élément qui concerne les sujets : « La Souveraineté est le pouvoir de domination en tant que portant sur des hommes libres. » Cette précision que le pouvoir de domination ne porte pas sur des hommes quelconques mais sur des hommes libres, a une signification. Elle signifie d'abord que la Souveraineté ne contient pas de ces droits d'homme à homme qui font les esclaves et les serfs, c'est entendu. Mais on peut en tirer autre chose, à savoir que les sujets libres peuvent manifester leur liberté en acceptant ou en refusant d'accepter volontairement les commandements du pouvoir de domination. S'ils ne les acceptent pas, ils les subissent quand même, mais s'ils les acceptent, ils y participent d'une certaine façon et donc ils ont un pouvoir d'adhésion qui les fait participer à la Souveraineté, parce que des commandements acceptés volontairement ont plus de force que des commandements subis (99). Rien que

---

(98) « Nous debvons la subjection et l'obéissance également à touts roys, écrit Montaigne, car elle regarde leur office ; mais l'estimation, non plus que l'affection, nous ne la devons qu'à leur vertu. Donnons à l'ordre politique de les souffrir patiemment indignes ; de celer leurs vices, d'aider de nostre recommendation leurs actions indifférentes, *pendant que leur auctorité a besoing de nostre appuy ;* mais nostre commerce finy, ce n'est pas raison de refuser à la justice et à nostre liberté l'expression de nos vrays ressentiments... »
Essais : Livre I. Ch. 3.

(99) C'est ce pouvoir d'adhésion que M. Hauriou désigne volontiers sous le nom de « souveraineté de sujétion ». Nous n'aimons guère cette alliance de mots qui tend cependant à exprimer une idée très juste. On fait un étrange abus du mot « souveraineté » et d'aucuns commencent à s'en plaindre : « C'est une des pires illusions modernes, écrit M. Maritain, de s'imaginer qu'il n'y a de souveraineté, de liberté ou d'indépendance *qu'absolues.* A ce compte-là, nul homme ne serait libre et nul homme ne serait roi, que s'il était Dieu. » *Primauté du Spirituel,* p. 3o.
Les anciens auteurs veillaient avec soin à ne pas être dupes du langage. Vitoria emploie toujours le mot « potestas » qu'il serait abusif de traduire

l'acceptation présumée des sujets rendue vraisemblable par la procédure selon laquelle la loi est votée, fait de celle-ci une source de droit supérieure.

« Mais l'adhésion des sujets, même quand elle a lieu par volonté commune n'est qu'un pouvoir juridique et non un pouvoir politique : elle ne commande pas, elle ne domine pas, elle se borne à conférer à ce qui est établi la valeur d'un consentement unanime, ce qui est essentiellement une fonction juridique, surtout quand ce qui est établi et ce à quoi elle adhère est déjà de droit. » (100).

Ainsi apparaît une fois de plus l'étroite connexion des sciences théologique et juridique sur le point qui nous occupe ; théologiens et jurisconsultes se priveraient de précieuses lumières s'ils renonçaient délibérément à l'étude réciproque de leurs principaux ouvrages.

Si nous essayons maintenant de résumer les conclusions auxquelles nous sommes parvenus, nous pouvons dire : 1° qu'on ne trouve ni dans Saint Thomas, ni dans Vitoria, l'exposé de la démocratie naturelle telle que la concevait Suarez ; 2° que le pouvoir se trouve bien dans la communauté, *a*) en tant que celle-ci a le soin de s'organiser ; *b*) en ce qu'elle peut désigner et fournir les titulaires du pouvoir qui en sont le véritable « sujet » ; *c*) en ce que par son adhésion volontaire aux commandements issus de l'autorité, elle complète le pouvoir et en quelque sorte y participe.

Ces conclusions nous semblent se dégager normalement de la théorie organique de l'Etat, contenue dans les œuvres de Vitoria et de Saint Thomas et magistralement exposée par le cardinal Zigliara. Si l'on admet que l'Etat est un organisme vivant qui tire son unité du pouvoir public, il ne faut pas se demander où réside ce principe. Il n'est ni dans le gouvernement ni dans le peuple considéré isolément, il est à la fois dans les deux éléments unis pour constituer l'Etat. Avant cette union il n'y a rien qu'une pous-

---

par le mot souveraineté. C'est en parlant sans cesse de la souveraineté de l'individu ou de la souveraineté de l'Etat, qu'on a été fatalement amené à leur reconnaître des droits absolus dans un chaos de contradictions. Voir particulièrement Duguit : *Souveraineté et Liberté*, Paris 1922.

(100) Hauriou : *Principes de Droit Public*, p. 35.

sière d'hommes d'une part et un pouvoir à l'état de forme pure d'autre part ; la fusion de ces deux éléments fait coïncider exactement la naissance de l'Etat et celle du pouvoir actualisé (101).

---

(101) « ...A regarder les hommes comme ils sont naturellement et avant tout gouvernement établi, on ne trouve que de l'anarchie, c'est-à-dire dans tous les hommes une liberté farouche et sauvage où chacun peut tout prétendre et en même temps tout contester ; où tous sont en garde et par conséquent en guerre continuelle contre tous ; où la raison ne peut rien parce que chacun appelle raison la passion qui le transporte ; où le droit même de la nature demeure sans force puisque la raison n'en a point ; où par conséquent il n'y a ni propriété, ni domaine, ni bien, ni repos assuré, ni à dire vrai, aucun droit si ce n'est celui du plus fort : encore ne sait-on jamais qui l'est puisque chacun peut tour à tour le devenir, selon que les passions feront conjurer ensemble plus ou moins de gens. Savoir si le genre humain a jamais été tout entier en cet état, ou quels peuples y ont été et en quels endroits, ou comment et par quels degrés on en est sorti ; il faudrait pour le décider compter l'infini et comprendre toutes les pensées qui peuvent monter dans le cœur de l'homme. Quoiqu'il en soit, voilà l'état où l'on imagine les hommes avant tout gouvernement.

« S'imaginer maintenant avec M. Jurieu dans le peuple considéré en cet état, une souveraineté qui est déjà une espèce de gouvernement, c'est mettre un gouvernement avant tout gouvernement et se contredire soi-même. Loin que le peuple en cet état soit souverain, il n'y a pas même de peuple en cet état. Il peut bien y avoir des familles et encore mal gouvernées et mal assurées ; il peut bien y avoir une troupe, un amas de monde, une multitude confuse, mais il ne peut y avoir de peuple parce qu'un peuple suppose déjà quelque chose qui réunisse, quelque conduite réglée et quelque droit établi, ce qui n'arrive qu'à ceux qui ont déjà commencé à sortir de cet état malheureux, c'est-à-dire de l'anarchie.

« C'est néanmoins de cette anarchie que sont sorties toutes les formes de gouvernements ; la monarchie, l'aristocratie, l'Etat populaire et les autres ; et c'est ce qu'ont voulu dire ceux qui ont dit que toutes ces sortes de magistratures ou de puissances légitimes venaient originairement de la multitude ou du peuple. Mais il ne faut pas conclure de là, avec M. Jurieu, que le peuple comme un souverain ait distribué les pouvoirs à chacun, car pour cela il faudrait déjà qu'il y eût ou un souverain ou un peuple réglé, ce que nous voyons qui n'était pas. Il ne faut non plus s'imaginer que la souveraineté ou la puissance publique soit une chose comme subsistante, qu'il faille avoir pour la donner : elle se forme et résulte de la cession des particuliers lorsque, fatigués de l'Etat où tout le monde est le maître et où personne ne l'est, ils se sont laissés persuader de renoncer à ce droit qui met tout en confusion, et à cette liberté qui fait tout craindre à tout le monde, en faveur d'un gouvernement dont on convient. »

Bossuet. — *Cinquième avertissement sur les lettres de M. Jurieu.*

SECTION III

La Loi

I. — Les éléments constitutifs de la loi.

Une fois connues la nature, l'origine et la fin du pouvoir. il convient d'étudier la loi qui en est la principale manifestation. Vitoria n'a pas, comme Suarez, consacré un traité spécial à l'étude des différentes lois ; selon sa méthode habituelle. il se contente de rappeler les grands principes thomistes au moment et avec l'ampleur qu'il juge utiles à son enseignement.

La loi divine et la loi humaine. — Comparant la loi divine et la loi humaine, Vitoria remarque entre elles trois différences essentielles : 1° « la loi divine qui émane toujours de Dieu ne peut être levée ou annulée que par lui ; au contraire, la loi humaine établie par un homme peut être abrogée ou changée par un homme ; 2° pour que la loi divine soit juste et par suite obligatoire, il n'est besoin que de la volonté du législateur parce que cette volonté est à elle seule sa raison suffisante ; au contraire, pour qu'une loi humaine soit juste et obligatoire, la volonté du législateur ne suffit pas, il faut encore que cette loi soit utile à l'État tout en respectant les droits des autres États ; 3° enfin la loi divine implique une obligation plus ferme et plus stricte, elle a force obligatoire dans de nombreux cas où la loi humaine en serait dépourvue. » (102).

Les caractères essentiels de la loi humaine. — De cette rapide comparaison on pourrait dégager quelques-uns des éléments cons-

---

(102) « ... est advertendum, quod Lex Humana et Divina in aliquo differunt, et in aliquo conveniunt. Differunt, quidem : nam Lex divina sicut a

titutifs de la loi humaine, mais Vitoria a traité plus amplement ce sujet dans sa leçon « *De Potestate Papae* ». « Comme Saint Thomas le dit excellemment, Iª IIae, q. 96, art. 4 », écrit-il, « la loi n'oblige en conscience les sujets que si elle est juste. Pour qu'elle soit juste, trois conditions sont requises: premièrement l'autorité dans celui qui l'établit; deuxièmement, une fin qui se rapporte au bien commun; enfin une forme qui observe une égalité proportionnelle dans la répartition des charges légales. Au contraire, sont injustes les lois portées sans autorité et celles qui ne tendent pas au bien commun, mais plutôt à un avantage particulier et qui ne sont inspirées que par la cupidité, l'ambition ou d'autres intérêts privés. Sont également injustes par leur forme des lois qui répartissent les charges sans souci de l'équité, même si elles sont ordonnées au bien commun et celles qui sont contraires au droit divin. Quel que soit le motif qui rende la loi injuste, elle n'oblige pas en conscience, dit Saint Thomas, sinon peut-être pour éviter le scandale. » (103).

Reprenons maintenant ces conditions qui méritent quelques commentaires.

1° *La loi doit émaner de l'autorité légitime.* — « Les lois et les constitutions des princes » déclare Vitoria, « ont une force obligatoire telle que ceux qui les transgressent sont, en conscience,

---

solo Deo fertur, ita a nullo alio, aut tolli, aut abrogari potest. Lex autem humana sicut per hominem constituitur, ita ab homine tolli, aut annulari potest. Differunt etiam quia in Lege Divina ad hoc quod justa sit, et per hoc obligatoria, sufficit voluntas Legislatoris, cum sit pro ratione voluntas. Ut autem Lex Humana sit justa, et possit obligare, non sufficit voluntas Legislatoris : sed oportet quod sit utilis Reipublicae, et moderata cum caeteris. Item etiam differunt, quia divina firmius, et intensius obligat. In multis enim casibus obligat Lex Divina ubi non obligat Humana. »

Rel. p. 127. De Pot. Civ. § 16.

(103) « Quia, sicut Sanctus Thomas optime determinat 1.2. q. 96 art. 4, Lex non obligat subditos in foro conscientiae nisi sit justa : ad hoc autem quod sit justa, requiruntur tria, primum potestas in ferente, deinde finis, scilicet propter bonum commune, postremo forma, ut scilicet secundum aequalitatem proportionis imponat subditis leges onerosas. Et e contrario sunt injustae, vel ubi deest authoritas, vel cum praeses imponit onera subditis non pertinentia ad utilitatem communem, sed magis pro propria commoditate, vel cupiditate, vel gloria, vel etiam aliorum privatorum, vel etiam ex forma, cum inaequaliter onera dispensantur, etiam si ordinentur ad bonum commune vel etiam si faciat contra jus divinum. Et *ex quacumque causa lex sit injusta, non obligat,* inquit Sanct. Thom., *in foro conscientiae, nisi forte propter scandalum vitandum.* »

Rel. p. 173 — De Pot. Papae et Concilii, § 18.

coupables de faute. Cette force obligatoire, les parents sur leurs enfants et les maris sur leurs épouses la possèdent également. » (104).

Mais si la légitimité de l'autorité paternelle ou maritale apparaît très facilement, il n'en est pas toujours de même de celle du prince. Une question se pose alors : l'obéissance est-elle due au tyran ? « On se demande si les lois des tyrans ont force obligatoire et il semble qu'elles n'en aient pas. C'est pourtant le contraire qui est vrai, car lorsque l'Etat est opprimé par un tyran qui gouverne sans droit, il ne peut établir lui-même de nouvelles lois ni faire observer celles qui existent déjà ; s'il n'obéissait au tyran, l'Etat bientôt périrait. Il est donc certain que les lois utiles à l'Etat ont force obligatoire, même si elles émanent d'un tyran, non pas évidemment à cause de leur origine, mais grâce au consentement de l'Etat. Il vaut mieux pour celui-ci obéir aux lois d'un tyran que de n'en suivre aucune. Ce serait assurément la perte ouverte de l'Etat si, lorsqu'un prince s'empare du pouvoir sans juste titre, la justice n'était plus rendue et si les malfaiteurs ne pouvaient plus être châtiés ou réduits à l'impuissance. Un tyran n'aurait en effet aucun pouvoir de juridiction si ses lois n'étaient pas obligatoires. » (105).

---

(104) « Principum Leges, et Constitutiones ita obligant, ut transgressores in foro conscientiae culpae rei sint : quam etiam vim parentum in filios, et maritorum in uxores habent praecepta. »
Rel. p. 125 — De Pot. Civili. § 15.

En deux pages très denses, Vitoria s'efforce de justifier cette affirmation et de réfuter les arguments de l'opinion adverse. C'est, en effet, une question discutée en théologie, de savoir si la loi civile oblige les citoyens en conscience ou si elle les laisse libres d'agir à leur guise pourvu qu'ils se soumettent au châtiment que les magistrats ont le droit de leur imposer. — Voir : A. JANSSENS : *De Lege Mere Poenali*, Rome — Jus Pontificum. 1 fasc. 5, 1925.

(105) « Dubitatur de tyrannorum legibus, an obligent et videtur quod non habeant potestatem aliquam.

« In contrarium est : Quia cum Respublica opprimatur a tyranno et non sit sui juris, nec possit ipsa ferre leges nec jam ante datas exequi, si non pareret tyranno, jam Respublica interiret.

« Certe videtur, quod leges, quae sunt convenientes Reipublicae obligent, etiam si ferantur a tyranno, non quidem quia a tyranno latae, sed ex consensu Reipublicae, cum sanctius sit ut serventur leges a tyranno latae, quam quod nullae serventur. Et profecto esset in apertam perniciem Reipublicae, si principes, qui non habent justum titulum, occuparent regnum, quod nulla essent judicia, nec aliquo modo possent malefactores puniri, aut coerceri, cum non sit tyrannus Judex legitimus, si leges ejus non obligant. »
Rel. p. 134. — De Pot. Civili : § 23.

Ce texte particulièrement significatif appelle une double remarque. Il confirme d'abord ce que nous écrivions précédemment (106) sur le véritable sujet du pouvoir. Il est bien évident que Vitoria ne considère pas le peuple comme le sujet du pouvoir capable de l'exercer puisqu'il voit dans le tyran lui-même un intermédiaire indispensable sans lequel les lois ne pourraient être établies et encore moins appliquées. La seconde remarque complète la précédente. Ce consentement qu'un peuple doit apporter à la tyrannie d'un usurpateur est bien proche de ce pouvoir d'adhésion que M. Hauriou reconnaît à la communauté. N'est-il pas ce pouvoir lui-même ? Entendons bien que dans l'hypothèse présente l'adhésion n'est pas complète, sans quoi le tyran se trouverait du fait même légitimé et cesserait d'être un tyran. L'adhésion est limitée aux dispositions essentielles à la vie de la cité et au bien commun, dispositions qui reçoivent ainsi leur pouvoir d'obliger. On le voit, Vitoria considérait le pouvoir comme un tout, comme une synthèse d'éléments divers. Puisque le pouvoir est de droit naturel nécessaire à la vie de l'état, la communauté se trouve dans l'obligation de l'accepter provisoirement, de le légitimer quelle que soit son origine (107). Mais elle garde le droit de limiter cet acquiescement aux mesures nécessaires à sa propre conservation.

2° *La loi doit tendre au bien commun.* — Cette conservation est la fin même du pouvoir public et la deuxième condition requise pour qu'une loi soit juste. Pour assurer cette conservation et le bien de l'État, la loi doit donc être une mesure d'une portée générale ordonnée au bien commun. « Les lois doivent tendre au bien commun (elles ne doivent jamais être, en effet, portées en faveur d'un intérêt privé, mais bien pour l'utilité commune) ; de même la dispense qui est une sorte de loi doit être motivée par le bien commun, sinon elle serait un désordre et non une dispense » (108). « Les lois ne visent pas les cas particuliers. Pour qu'une loi ait une portée universelle, il faut qu'elle

---

(106) Voir *supra* : p. 45 et suiv.

(107) Voir *supra* : p. 36.

(108) « ...sicut leges debent fieri pro bono communi (debet enim lex nullo privato commodo sed pro utilitate omnium conscribi), ita etiam dispensatio quae est quasi lex quaedam, debet habere rationem boni communi, alias erit dissipatio et non dispensatio. »

Rel. p. 155. — De Pot. Papae : § 7.

s'applique à tous les cas ou du moins au plus grand nombre ». (109).

Mais dire que la loi doit être universelle et procurer le bien commun c'est faire œuvre abstraite et philosopher. Vitoria ne craint pas d'entrer dans les détails du problème. Où trouver la raison suffisante de la loi, capable de la justifier ? Comment savoir que la réalisation du bien commun appelle telle ou telle mesure législative ? « Il ne faut pas considérer si ce qui est prescrit ou prohibé amène, actuellement ou pour une fois seulement, un grand bien ou un grand mal dans l'Etat ; il faut voir ce qui adviendra de l'obéissance de tous ou d'un grand nombre à l'ordre reçu. Si l'on interdit l'exportation des monnaies, les exportateurs pèchent mortellement, bien qu'une seule exportation ne cause pas grand dommage à l'Etat. Mais si la chose se généralisait, le royaume serait appauvri et c'en est assez pour que la loi commune oblige sous peine de faute mortelle ». (110). Vitoria se place ici en pleine vie politique et économique ; il est bien curieux de voir un théologien défendre le mercantilisme dans sa forme la plus primitive et la plus stricte, celle du billionisme. Un économiste moderne n'aurait aucune peine à réfuter les théories du mercantilisme. En fait et bien qu'elles aient inspiré des mesures extrêmement rigoureuses, elles n'ont pas empêché l'appauvrissement de l'Espagne et son déclin rapide malgré la formidable quantité de métaux précieux qu'y faisait affluer l'ex-

----

(109) « ...leges non respiciunt casus particulares : sed ad hoc quod lex universaliter feratur satis est quod quasi semper sit expediens, vel ut plurimum. »

Rel. p. 161. — De Pot. Papae : § 12.

Il est parfaitement légitime d'appliquer ici à l'Etat, des passages qui, par leur contexte, semblent se rapporter particulièrement à l'Eglise. Certes la loi ecclésiastique n'est pas assimilable en tous points à la loi civile, mais leurs caractères essentiels restent les mêmes parce que toutes les deux ont une nature commune et ne sont que des variétés de la loi humaine. Vitoria lui-même déclare qu'il envisage comme Saint Thomas « toute la loi humaine d'une manière absolue et sans distinction ». De là des rapprochements constants entre les deux ordres de législation.

(110) « Nec oportet respicere, an illud, quod praecipitur aut prohibetur sit nunc, aut semel in magnum commodium, aut malum Reipublicae, sed quale sit, si communiter, aut ab omnibus, aut multis fiat. Si enim prohibetur nequis pecunias extra regnum portet quicumque exportant, peccant mortaliter quamvis una exportatio parum noceat Reipublicae. Sed quia si communiter fieret, exhauriretur Regnum satis est at lex communis obliget ad mortale. »

Rel. p. 131. De Pot. Civ. : § 19.

ploitation des Indes occidentales. Cependant, ces lois étaient justes et l'obéissance leur était due au for interne parce qu'elles étaient ordonnées au bien commun tel que la nation pouvait le percevoir plus ou moins directement et tel qu'il était voulu par l'autorité légitime. Si la loi a changé, que nul n'en soit scandalisé, ni même étonné. Seule la loi naturelle qui est une participation directe de la loi divine est invariable (111). Au contraire, les lois humaines ou positives sont essentiellement contingentes et variables. « Les lois humaines » écrit Vitoria, « s'appliquent aux actes humains qui varient selon les temps et la condition des personnes ; en outre ce qui convient à la communauté peut ne pas convenir à une seule personne ou ne pas s'appliquer à certains cas ou à certains moments ». (112). De là l'utilité des dispenses individuelles ou collectives qui sont des correctifs apportés à la loi. De là également la légitimité de modifications plus importantes qui semblent parfois être en contradiction avec la loi primitive.

Dans un tout autre domaine, Vitoria est également amené à émettre sur l'opportunité de la loi une opinion qui pourrait aussi bien être celle d'un homme d'Etat que celle d'un théologien. C'est une page du « *De Potestate Papae* » qui mérite d'être citée entièrement :

« Il est à remarquer qu'on doit considérer, avant de porter les lois, non seulement le bien ou le mal qui doit suivre dans chaque cas particulier de l'observation ou de la transgression de la loi, mais encore les suites qu'entraînerait l'abrogation de telle ou telle loi universelle. Considérons par exemple le mal qui résulte de l'union passagère d'un homme et d'une femme. Ce mal peut nous paraître sans importance et, s'il en a réellement, on peut y remédier facilement. Mais si nous considérons le mal qu'entraînerait la suppression de toute défense, nous comprendrons la nécessité de cette loi. Si l'union libre était permise, l'éducation des enfants en serait compromise. Bien plus, les naissances

---

(111) « ...lex naturalis numquam mutatur. Nec enim abrogatur, aut limitatur, aut extenditur. Est enim lumen signatum super nos à principio. »
Rel. p. 407. — De Homicidio : § 13.
(112) « Quia leges humanae sunt de humanis actibus qui sunt pro temporum et personarum conditione variabiles, et quod in communi expedit uni personae, vel in aliquo casu non convenit, vel in alio tempore... »
Rel. p. 149. — De Pot. Papae. : § 3.

seraient taries, ce serait l'extinction du genre humain. Beaucoup
d'hommes ne se marieraient pas pour jouir de leur liberté et
comme le concubinage, bien loin de multiplier les naissances, les
raréfie, l'état manquerait d'enfants. Ce sont donc des familles,
des cités, des états qui ne se fonderaient pas, sans parler de beaucoup d'autres dangers. Il en est de même de l'indissolubilité du
mariage. Il ne faut pas considérer le mal qui suivra si Pierre
abandonne son épouse, mais bien les funestes conséquences
qu'amènerait la liberté de répudier une femme à volonté. Comme
les querelles naissent souvent entre les époux déjà envahis d'une
satiété réciproque, la stabilité du mariage deviendrait très rare.
De plus, la femme abandonnée par l'un ne serait pas recueillie
par l'autre et la vertu serait en grand péril. Il y aurait là, parmi
bien d'autres maux, une source de grandes difficultés et de grands
dangers pour les enfants abandonnés sans mère chez une marâtre
ou sans père chez leur mère. C'est donc très justement que l'on
a prononcé cette interdiction. » (113). Ce texte se passe de commentaires ; il est difficile de dénoncer avec plus de vigueur les
funestes résultats du divorce et de l'union libre. Aujourd'hui,
plus que jamais, les législateurs de tous les pays pourraient s'en
inspirer avec fruit.

---

(113) Sed praeter hoc est notandum, quod non solum oportet spectare in
condendis legibus quid boni sequatur ex casibus particularibus, et ex obser-
vatione legis, vel quid mali in casibus singulis in transgressione illius, sed
quid sequatur, si tollatur talis lex universalis. Verbi gratia : Si consideremus
quid mali sequatur ex ista fornicatione, aut illa, non videtur quod sequatur
magnum inconveniens, et si aliquod est, posset etiam facile adhiberi remedium : sed si consideremus quid mali sequeretur, si tollatur illa prohibitio,
intelligeremus quam necessaria est illa lex. Si enim liceret fornicari, non
solum sequeretur prava educatio prolis, sed etiam quod non sit procreatio
liberorum, et periret genus humanum. Nam si hoc liceret, multi non ducerent
uxores et mallent uti libertate : et per consequens cum ex hujusmodi vago
concubitu non multiplicentur liberi sed raro eveniant, sequitur defectus, et
inopia filiorum in Republica, et inde sequitur quod non sint familiae, et per
consequens civitates, nec Respublicae, et multa alia inconvenientia. Idem
patebit de insolubilitate matrimonii, non enim oportet respicere ad hoc, quid
mali sequatur, si Petrus uxorem suam reliquerit, sed oportet videre quid mali
sequatur, si passim liceat dimittere uxores. Cum enim inter conjuges saepe
incident jurgia, et capiat eos invicem satietas, rara essent matrimonia firma.
Et cum relicta ab uno non reciperetur ab alio, esset magnum periculum incon-
tinentiae. Et praeterea esset in magnam jacturam et detrimentum liberorum
qui relinquerentur, aut sine matre apud novercam, aut sine patre apud
matrem, et multa alia mala, unde justissime est adempta illa facultas. »
Rel. p. 163. — De Pot. Papae : § 12.

Mais il ne suffit pas que la loi tende à la réalisation du bien commun. Il faut s'efforcer de rendre son application aussi facile que possible. Vitoria laisse ici percer un pessimisme qui se retrouve chez Saint Thomas et chez la plupart des grands moralistes : « En morale, déclare-t-il, il ne faut pas considérer ce qui pourrait être, mais ce qui existe et se manifeste naturellement. C'est plutôt à l'expérience du passé qu'aux beaux discours qu'il faut s'en tenir. »

Et voici un exemple : les juges pourraient être courageux et incorruptibles, mais l'expérience a montré que s'ils acceptaient des présents, la justice était exposée à en souffrir. On a donc bien fait de renoncer à cette coutume (114). Ceci amène Vitoria, suivant l'enseignement d'Aristote et de Saint Thomas, à restreindre le champ du juge pour élargir celui du législateur. Celui-ci dispose pour l'avenir et pour l'ensemble en vue du bien commun ; le premier, dans l'examen d'un cas particulier, peut être plus facilement poussé à l'injustice par l'amitié, le besoin d'argent, le goût des dépenses. Il faut encore ajouter que s'il est possible de trouver quelques sages législateurs, il est bien plus difficile de découvrir tant de juges parfaits (115). Mieux vaut n'y pas songer, étant donné la médiocrité du grand nombre. Vitoria, philosophe idéaliste, a décidément peu de goût pour les chimères.

3° *La loi doit être équitable et égale pour tous.* — La loi, pour être juste, doit encore répartir équitablement les charges entre les assujettis. « Une des conditions de la loi est qu'elle soit

---

(114) « Praeterea considerandum est, quod in moralibus non oportet multum considerare quid possit fieri : sed quia in rerum statu, et natura inveniatur, et contingat, et potius experientia tot annorum, quam argumentationibus standum est. Possent judices esse fortes viri, ac ita justi, ut nullis muneribus corrumperentur, aut retraherentur a justitia : sed quia usu et experientia compertum est quod Judices accipientes munera, non recte solent judicare, ideo generaliter prohibitum est munera accipere. »
Rel. p. 164. — De Pot. Papae : § 12.

(115) « Et praeterea dicit Aristot. I. Rhétor. et St Thomas. 1. 2. q. 95 art. 1 ad 2 : Quod omnia quae possunt debent lege determinari et disponi, et quam paucissima relinqui arbitrio judicis, ejus praecepti nullas ponit rationes ; sed potissima est, quia legislator fert leges in universali, et de futuris nec tunc innititur, aut gratia amicorum, aut improbitate hominum, aut prece, aut pretio, sed solum respicit bonum reipublicae, cui omnes favent... Item facilius est invenire paucos sapientes ad ferendas leges, quam tot Judices... »
Rel. p. 165. — De Pot. Papae. § 12.

égale pour tous ; elle ne le serait pas si, sans cause raisonnable, l'un était affranchi de la loi et les autres écrasés par elle... Tantôt la loi est le droit lui-même, tantôt le droit n'est que la conséquence de la loi ; c'est pourquoi l'on distingue suivant les différentes lois : le droit naturel, le droit civil, le droit canonique, mais le droit, l'équité ou l'égalité ne font qu'un. » (116).

Mais si tous sont égaux devant la loi, en est-il de même de celui qui a porté la loi ? « On se demande », écrit Vitoria, « si les lois civiles obligent les législateurs et principalement les rois. Certains auteurs ne le pensent pas puisque les rois sont à la tête de l'Etat et que nul n'est tenu d'obéir sinon à son supérieur. Mais il est plus vraisemblable et plus probable que les rois sont tenus, eux aussi, d'obéir aux lois. En voici une première preuve : le législateur porte préjudice à l'Etat et à ses concitoyens si, alors qu'il est lui-même un membre de l'Etat, il ne porte pas sa part des charges communes à raison de sa personnalité, de sa qualité, de sa dignité. Mais cette obligation étant indirecte, on peut en donner une autre preuve. Les lois portées par le roi ont la même force que si elles émanaient de l'état tout entier, comme nous l'avons dit précédemment. Mais les lois portées par l'Etat obligent tout le monde, le roi se trouve donc soumis aux lois, même s'il en est l'auteur. Dans une aristocratie, les sénatus-consultes s'imposent aux sénateurs qui les ont votés et dans un régime populaire, les plébiscites obligent le peuple lui-même. De même le roi est soumis à ses propres lois ; s'il est libre d'édicter une loi, il ne l'est pas de s'y soumettre ou non. Il en est de même en matière contractuelle. Quiconque s'est librement engagé dans un contrat est cependant tenu par ce contrat ». (117).

Il faut noter cependant que cette soumission du législateur

---

(116) « ...una conditio legis est, quod sit aequalis, non autem esset aequalis, si sine causa rationabili aliquis eximeretur a lege, alii autem lege praemerentur... lex vel est ipsum jus, vel jus est effectus legis : unde et secundum diversas leges dicitur jus naturale, civile, canonicum, sed jus et aequum, sive aequale, idem est. »

Il est évident que Vitoria trace ici l'idéal auquel doit tendre le législateur. En fait le droit et l'équité ne correspondent pas toujours exactement « Summum jus, summa injuria » disaient les Romains.

(117) Quaeritur tandem : An leges civiles obligent legislatores, et maxime Reges. Videtur enim aliquibus quod non, cum sint supra totam Rempublicam, et nullus possit obligari, nisi a superiore : sed certius et probabilius est quod obligentur. Quod probatur primo : Quia hujusmodi Legislator facit injuriam

et du sujet à la loi n'est pas en tous points identique. Le sujet peut être réduit à l'obéissance, mais le roi est affranchi au contraire, de toute contrainte extérieure. « Le prince n'est pas soumis à ses propres lois sous la menace du châtiment, comme à une force coercitive, mais bien comme à une force directrice ; en conscience il est tenu de les respecter... « Souffre la loi que tu « as toi-même portée », dit le Sage (118). Vitoria ne craint pas d'y insister en s'appuyant tantôt sur l'Écriture et sur Saint Thomas, tantôt sur l'égalité de nature. La leçon « *De Simonia* » contient un développement identique (119).

Si la théorie organique de l'Etat exige que le gouvernement subisse lui-même ses propres lois, elle n'exclut pas les dispenses nécessaires ni les privilèges légitimes. Mais ces mesures doivent, elles aussi, avoir le bien commun pour objet et doivent toujours être entendues dans un sens restrictif. « Dans les cas où il ne serait pas raisonnable de refuser une dispense, on ne doit l'accorder qu'en vue du bien commun et ne pas y recourir trop tôt, car les exemptions légitimes ouvrent la porte aux exemptions injustifiées (120). » C'est pourquoi Vitoria limite strictement au spirituel les privilèges du clergé : « Les clercs ne sont entièrement

---

Reipublicae et reliquis civibus, si cum ipse sit pars Reipublicae, non habeat partem oneris, juxta personam tamen suam et qualitatem, et dignitatem. Sed ista obligatio est indirecta, ideo aliter probatur. Nam eamdem vim habent latae leges a Rege, ac si ferrentur a tota Republica, ut supra declaratum est. Sed leges latae a Republica obligant omnes : ergo etiam si ferantur a Rege obligant ipsum Regem. Et confirmatur : Quia in aristocratico principatu, senatusconsulta obligant ipsos senatores authores illorum, et in populari regimine plebiscita obligant ipsum populum : ergo similiter leges regiae obligant ipsum Regem : et licet sit voluntarium Regi condere legem, tamen non est in voluntate sua non obligari. Sicut in pactis. Libere enim quisquis pasciscitur, pactis tamen tenetur. »

Rel. p. 132-133. — De Pot. Civ. § 21.

(118) « ... Quia dato, quod Princeps non sit subditus suis legibus quantum ad poenam vel quantum ad vim coactivam tamen quantum ad vim directivam, et in foro conscientiae tenetur vivere secundum illas... et Sapientis dicit authoritas *Parcere legem, quam ipse tuleris.* »

Rel. p. 156. — De Pot. Papae, § 7.

(119) *Rel.* p. 455. — De Simonia : § 39.

(120) « ...etiam ubi alias esset irrationabile non dispensare, tamen ferendum est propter conservationem boni communis, nec statim oportet occurrere ad dispensationes, quia dispensando in causis justis, aperitur janua ad dispensationes injustas. »

Rel. p. 166. — De Pot. Papae : § 12.

soustraits à l'autorité du pouvoir civil ni par le droit divin ni par
le droit humain. Ils sont tenus d'obéir aux lois qui, concernant
le gouvernement et l'administration temporelle de la cité n'empê-
chent pas l'administration ecclésiastique. Ils pèchent s'ils
agissent contre la loi. Ils ne lui échappent donc pas complètement. S'ils étaient exempts pour le tout ils ne seraient pas plus
tenus par les lois civiles que s'ils étaient citoyens d'un autre
Etat... Les clercs sont tenus d'observer les lois civiles portées par
l'empereur ou par un prince laïc, car le roi n'est pas seulement
le roi des laïcs, mais aussi celui de clercs » (121). Ainsi se trouve
fortement établie l'égalité de tous devant la loi. Il est intéressant
de voir Vitoria défendre ici les droits du pouvoir temporel contre
certains empiètements de l'autorité religieuse. C'est un point
délicat sur lequel nous reviendrons au chapitre suivant.

4° La loi humaine doit respecter la loi divine. — Reste la
conformité de la loi humaine à la loi divine. Vitoria enseigne que
toute loi est injuste qui méconnaît l'autorité divine ou le droit
naturel qui en est une expression. Ce point a pu quelquefois
paraître douteux. Le professeur Chénon par les soins duquel a
été publié l'ouvrage posthume de Vanderpol s'insurge contre deux
affirmations trop catégoriques ou du moins incomplètes de Vitoria. Celui-ci écrit, en effet : « On ne commet pas de faute en
faisant ce que la loi civile autorise ; quand la loi donne un droit,
on peut en user en toute conscience. » (122) Chénon proteste :
« Vitoria va ici beaucoup trop loin. Il n'est pas, en effet, toujours permis de faire ce que la loi civile autorise, car la loi civile
autorise parfois des actions contraires à la loi morale et par suite
absolument interdites à l'honnête homme. C'est une restriction

---

(121) « Personae clericorum non omnino et quoad omnia sunt exemptae
a potestate civili, nec jure divino, nec humano. Patet clerici tenentur obedire
legibus civilibus in ills quae expectant ad gubernationem et administrationem
temporalem civitatis et non impediunt administrationem ecclesiasticam, et
peccant facientes contra legem. Ergo non omnino sunt exempti. Consequentia
est nota. Nam si esset omnino exempti, non plus tenerentur ad leges civitatis,
quam si essent alterius reipublicae... Clerici tenentur vivere legibus civilibus
latis ab Imperatore, aut Principe laïco. Item Rex est Rex non solum laicorum
sed et clericorum. »
Rel. p. 63. De Pot. Ecclesiae : q. 6. § 4.
(122) « Authoritate autem legis nemo peccat, quia leges dant jus in foro
conscientiae. »
Rel. p. 254. — De Jure Belli : § 5.

qu'au xııı° siècle Saint Thomas et Beaumanoir n'eussent pas omis
d'apporter à l'argument produit. » (123) Vitoria déclare encore :
« Les lois obligent en conscience, comme l'enseigne Saint Thomas
1, 2 q. 96 art. 4 (124). » Chénon croit indispensable de remarquer : « A la condition de n'être pas contraires à la loi de
Dieu. » (125). Il faut convenir que les formules incriminées sont,
sous cette forme absolue gravement répréhensibles. Encore ne
faudrait-il pas condamner Vitoria sans l'entendre, c'est-à-dire
sans lire tout son texte. Si dans un développement où l'autorité
de la loi doit passer au premier plan, Vitoria préfère alléger son
raisonnement et ne considérer qu'un des aspects du problème, on
serait mal venu de le lui reprocher. Tout ce que l'on peut exiger,
c'est que, ayant affirmé la puissance de la loi quand cela était
nécessaire, Vitoria n'oublie pas, le moment venu, d'imposer à
cette puissance d'indispensables limites. Rappelons d'abord les
textes déjà cités du *De Potestate Civili* (126). Ailleurs, Vitoria
insiste sur cette même idée : « Aucune loi humaine ne délie de la
loi divine. » (127) « Les lois humaines n'ont de force obligatoire
que par la vertu de la loi divine parce que toute puissance vient
de Dieu... La raison humaine n'a donc aucun pouvoir de contrainte si ce n'est grâce à la loi divine. » (128).

Citons enfin un texte qui, à lui seul, pourrait clore le débat :
« S'il existait une loi humaine qui fût opposée sans quelque
raison au droit naturel ou divin, elle serait inhumaine, dépourvue
de raison, et par conséquent, n'aurait pas force de loi. » (129).

Il nous semble que toute équivoque est vraiment impossible

---

(123) VANDERPOL : *La Doctrine Scolastique du droit de guerre* : p. 330,
en note.
(124) « Item leges obligant in foro conscientiae ut decet S. Thom. 1. 2
quaest. 96 art. 4. »
Rel. p. 195. — De Indis, § 9.
(125) VANDERPOL : ouvrage cité p. 435.
(126) Voir *supra* : p. 55.
(127) « ...nulla lex humana potest deobligare a divina ».
Rel. p. 381. — De Temperantia, § 8.
(128) « Leges humanae non obligant nisi virtute legis divinae, quia omnis
potestas a domino Deo... ergo etiam neque ratio humana habet vim obligandi
nisi a lege divina. »
Rel. p. 559. — De eo ad quod teneatur homo cum primum venit ad usum
rationis. II, § 8.
(129) « Si autem lex humana esset, quae prohiberet sine aliqua causa a

et qu'on ne peut accuser Vitoria de faire bon marché de la loi
naturelle ou de la loi divine.

2. — La portée de la loi.

Maintenant que les caractères essentiels de la loi nous sont
connus, il faut étudier les conditions les plus générales de son
application. Trois questions vont alors se poser : 1° L'ignorance
de la loi dispense-t-elle de l'obéissance ? 2° La loi étant connue,
peut-on lui résister si elle est injuste ? 3° A quel moment la loi
cesse-t-elle d'être en vigueur ?

1° *L'ignorance invincible de la loi.* — La loi, nous l'avons
vu, s'impose à tous sauf dispense légitime, mais l'ignorance peut-
elle dispenser de l'obéissance ? Ainsi se trouve indirectement posé
le problème de la publication des lois (130). « La loi », déclare
Vitoria, « n'est obligatoire qu'après avoir été promulguée ; les
lois ne sont vraiment instituées qu'après leur promulgation. Si
donc quelqu'un ignore la loi, il n'y est pas assujetti. » (131)
Vitoria qui parle en moraliste, doit faire la part de l'ignorance
invincible, car il n'y a « aucune différence entre la loi qui
n'existe pas et la loi qui n'est pas connue ». (132) Nul ne peut
être tenu en conscience d'obéir à une loi qu'il ne pouvait pas

---

jure naturali et divino, esset inhumana, nec esset rationabilis, et per consequens non haberet vim legis. »
  Rel. p. 232-33. — De Indis, III, 2.
  L'expression « sine aliqua causa » ne contredit nullement l'immutabilité
du droit naturel telle que nous l'avons vue affirmée par Vitoria. En effet dans
l'ordre naturel comme dans l'ordre positif, les lois n'ont pas toutes la même
importance. S'il est permis de déroger à une prescription de la loi naturelle
ce ne peut être que pour obéir à un précepte plus élevé de cette même loi.
De sorte qu'il n'y a en réalité ni dérogation, ni contradiction, mais simplement
préférence légitime et nécessaire au respect de la hiérarchie.

  (130) Le droit français actuel fait une distinction entre la promulgation
des lois qui est l'œuvre du chef de l'Etat et la publication réalisée par l'inser-
tion au Journal Officiel. Vitoria emploie le mot promulgation dans le sens
de publication.

  (131) « ...quia lex non obligat nisi promulgata : legesque instituentur
cum promulgantur. Si ergo quis ignoret legem, non obligatur lege. »
  Rel. p. 559. — De eo ad quod teneatur homo cum primum venit ad usum
rationis : II[a] pars. § 8.

  (132) « ...idem videtur judicium quod sit non lex et quod ignoretur.
  Id. Ibid.

connaître. Dans l'ordre juridique, les nécessités de la pratique suffisent largement à justifier une solution différente qu'exprime l'axiome bien connu « *Nemo censetur ignorare legem* ». Cette présomption générale évite au juge une enquête toujours délicate et bien souvent impossible sur le degré de bonne foi du délinquant. Le problème ne se pose évidemment pas de la même manière dans l'ordre moral et dans les rapports de la créature avec la divinité. Ici, Vitoria nie la possibilité d'une ignorance invincible et affirme que tout homme parvenu à l'âge de raison connaît la loi naturelle promulguée par la voix de la conscience et peut donc se rendre coupable de faute. De même les lois positives du droit humain sans parvenir à cet absolu semblent s'en rapprocher. On peut dire que dans les sociétés civilisées, l'ignorance invincible de la loi est une hypothèse de plus en plus difficile à réaliser. La fiction légale tend à devenir une réalité.

2° *La résistance aux lois injustes.* — En étudiant les éléments intrinsèques de la loi, nous avons vu que pour Vitoria comme pour Saint Thomas, toute loi est injuste à laquelle l'un ou l'autre de ses caractères essentiels fait défaut. Est donc injuste la loi qui n'émane pas du pouvoir légitime, qui ne tend pas au bien commun, qui répartit iniquement les charges de l'État ou enfin qui ne craint pas de violer le droit naturel ou le droit divin. Cette loi injuste est « inhumaine », bien mieux, elle n'est pas une loi puisqu'elle n'en réunit pas les conditions indispensables, mais il reste que dans la plupart des cas le pouvoir public s'efforcera de l'imposer, au besoin par la violence. De nombreuses difficultés vont naître de ce conflit : dans quels cas la résistance des citoyens s'impose-t-elle ? Sous quelles formes ? Dans quelles limites ? Vitoria n'a fait qu'effleurer ces graves questions en indiquant qu'il s'en tenait, d'une manière générale, à l'opinion de Saint Thomas : « Quel que soit le motif qui rende une loi injuste, celle-ci n'oblige pas en conscience, dit Saint Thomas, si ce n'est dans certains cas pour éviter un scandale. » (133) Cette brève réserve est capitale, elle montre avec quelle prudence on doit entrer en conflit avec la loi et quelle importance

______

(133) « Et ex quacumque causa lex sit injusta non obligat, inquit Sanct. Thom. in foro conscientiae, nisi forte propter scandalum vitandum. »
Rel. p. 173. — De Pot. Papae. § 18. Cf. *supra* p. 56.

il faut attacher aux considérations de fait susceptibles de primer le droit strict pour éviter un plus grand mal.

C'est une question controversée parmi les théologiens et les jurisconsultes, de savoir si le recours à la force contre la loi injuste peut être légitime. Vitoria se prononce nettement pour l'affirmative et ne craint même pas d'assimiler la société ecclésiastique à la société civile dans le cas où les décisions du Pape tourneraient à la perte de l'Eglise : « Assurément, dit-il, c'est vouloir la tyrannie que d'attribuer au Pontife suprême plus d'autorité dans le gouvernement de l'Eglise à cet égard, qu'au roi dans le gouvernement de la cité ou de l'état. Si le roi commettait de graves injustices, on pourrait lui opposer 'non seulement des paroles et des moyens de droit, mais encore une résistance de fait. il en est de même du pape. » (134). Qu'il parle de l'Eglise ou de l'Etat, Vitoria fonde toujours ce droit de résistance sur le droit naturel qui permet de « repousser la violence par la force ». L'application de ce principe rend légitime l'emploi de tous les moyens honnêtes de défense, y compris le recours aux armes, mais elle impose une attitude strictement défensive, en aucun cas il ne sera permis de prendre les devants. Nous ne suivrons pas Vitoria dans le détail de son exposé où il étudie les différents moyens de résistance qui pourraient être opposés au pape. C'est une question que nous retrouverons en traitant des rapports de l'Eglise et de l'Etat. (135)

3° *L'abrogation des lois.* — La loi, nous l'avons vu, ne peut entrer en vigueur avant d'avoir été publiée ; l'acte d'abrogation a-t-il la même importance et la loi conserve-t-elle toute sa force tant qu'elle n'a pas été officiellement rapportée ? Vitoria ne le pense pas et déclare que l'abrogation expresse n'est pas indispensable : « ... si la loi positive vient à être complètement privée de sa raison d'être, elle perd toute vigueur même sans avoir été abrogée et sans tenir compte de la coutume. Du fait même que

---

(134) « ... profecto tyrannicum est dicere quod Summus Pontifex habeat majorem authoritatem ad gubernandam Ecclesiam in hac parte, quam Rex ad gubernandam civitatem, et rempublicam temporalem : sed si rex faceret graves injurias, posset ei resisti, non solum verbis, et jure, sed etiam facto : ergo etiam Papae. »

Rel. p. 180. De Potestate Papae : § 23.

(135) Sur la résistance aux lois injustes voir notamment R. P. JANVIER : *Les Nouvelles Religieuses ;* 1er janvier et 1er février 1926.

la loi est inutile elle cesse d'être en vigueur car si dès le début
cette loi avait été inutile elle n'aurait pas eu de raison d'être et
par conséquent de force obligatoire, surtout si elle entraînait
de lourdes charges ». (136) Cette théorie est encore précisée au
De Potestate Civili : « Est-ce que, lorsque cesse la raison de la
loi, cesse également l'obligation ? Par exemple, si la loi interdit
le port des armes pendant la nuit à cause de ses dangers et que
je sois sûr de ne créer aucun danger, suis-je en faute de porter
des armes ?

« La réponse est que la raison d'être de la loi peut cesser
d'une double manière. Premièrement d'une manière universelle
si la raison même pour laquelle la loi a été portée vient à disparaître. Par exemple, on interdit en temps de guerre d'exporter
des armes vers la France, en temps de paix cette loi ne joue
plus car c'est pour la même raison que la loi est devenue
obligatoire. Si la cause qui a fait porter la loi a disparu, il n'y a
plus lieu ni de porter la loi ni de la garder car les mêmes
causes, venant à disparaître, détruisent ce qu'elles ont engendré.
Lorsque la loi cesse d'être utile au bien de l'Etat, elle n'est plus
une loi. Deuxièmement la loi peut être sans objet dans un cas
particulier et non plus à l'égard de tous ou à l'égard d'un grand
nombre comme dans le cas posé ; alors, la loi reste obligatoire
pour ce particulier. Le danger qu'entraîne le port des armes pendant la nuit est une raison suffisante de l'interdire à tous, sinon
la loi serait sans aucune efficacité puisque chacun penserait que
la loi ne l'atteint pas et ne vise que ses concitoyens. Ainsi dans les
autres ordonnances, ce n'est pas la raison particulière, mais la
raison universelle qu'il faut considérer (137) ». Pour Vitoria,
l'hésitation n'est donc pas permise. Une loi générale ordonnée au

---

(136) « Et ideo potest dici secundo, et melius quod cessante in universum
ratione legis positivae, cessat vis legis etiam sine alia abrogatione legis, nec
spectata consuetudine : quia ipso facto quod lex est inutilis, non habet vim
obligandi : quia si a principio legis ita fuisset, irrationabilis esset, et per
consequens nec obligatoria, maxime cum esset onerosa. »

Rel. p. 362 : De Temperantia : § 2.

Cette conclusion se rattache immédiatement à ce que nous venons de
dire. Une loi qui ne trouve pas sa raison d'être dans le bien commun est
privée d'un des caractères essentiels de la loi. Elle fait donc partie des lois
injustes qui ne requièrent pas l'obéissance.

(137) « Utrum cessante ratione legis cesset obligatio ut (exempli gratia,
prohibetur lege nequis noctu telum portet, et ratio ejus est propter nocturna

bien de l'État conserve toute sa portée et nul ne saurait s'y soustraire même si les circonstances de lieu, de temps, de personnes
lui permettaient de le faire sans qu'il en résulte un dommage
pour qui que ce soit. Au contraire, si la loi se trouve dépourvue
de l'utilité qui est sa raison d'être, elle devient caduque du fait
même, cesse d'être une loi et par conséquent ne requiert plus
l'obéissance. Cette théorie exige évidemment qu'une part assez
large soit faite à la coutume. Vitoria n'y manque pas et remarque
qu'« une coutume raisonnable peut prévaloir sur les ordonnances des conciles ». (138). C'est ainsi que les prescriptions rela-
tives aux aliments. Aux Juifs, s'adjoignait de manger les animaux
étouffés et les viandes et de s'abstenir du sang des victimes. Cette
loi fut observée chez les Juifs et chez les Gentils longtemps après
le concile de Nicée « pourtant elle fut abrogée par la seule coutume et n'a jamais été rapportée ». (139).

Cette conception de la loi est, à la fois, très simple et très
juste, plus souple et plus juste que celle du droit français qui
s'efforce de restreindre l'autorité de la coutume et maintient

---

pericula, ego autem scio nullum esse propter me periculum, an sim in culpa
arma ferendo.

Respondetur : Dupliciter potest ratio legis cessare uno modo : quia in
universali cessat ratio, propter quam lex lata est : ut si tempore belli prohi-
beantur arma ad Gallos deferri, tempore pacis lex non obligat : nam eadem
ratione requiritur ut lex obliget, ut et duret, et ad hoc quod feratur, si deficit,
ergo ratio ad ferendum : ergo etiam ad conservandam illam. Et confirmetur :
Quia per easdem causas res corrumpitur, per quas generatur. Item si lex non
est utilis Reipublicae, jam non est lex. Secundo potest cessare ratio in parti-
culari quoad aliquem. Non tamen quoad omnes absolute, vel quoad plures,
ut in casu posito, et tunc nihilominus etiam talis obligatur lege. Quia enim
sequuntur saepe pericula ex armis nocturnis, est sufficiens ratio, ut omnibus
prohibeatur, alias lex nullius esset efficaciae, cum unusquisque putaret legem
non pro se esse positam, sed propter alios : et ita in aliis praeceptis non ratio
particularis, sed universalis est attendenda. »

Rel. pp. 133-34. De Pot Civili : § 22.

(138) « Non enim videtur quin Summus Pontifex possit, quod potest sola
consuetudo, sed consuetudo rationabilis potest tolle statuta etiam Con-
ciliorum... »

Rel. p. 151. — De Potestate Papae § 4.

(139) *Id. Ibid.*

Le fait que cet exemple soit emprunté au droit canonique n'en diminue
en rien la portée. Nous avons déjà eu l'occasion de remarquer que Vitoria s'en
tient le plus souvent aux principes généraux de la loi humaine sans chercher
à distinguer entre la loi ecclésiastique et la loi civile. Cf. *supra* p. 59, note 109.

indéfiniment en vigueur les lois qui n'ont pas été expressément abrogées. Remarquons à ce propos que la pensée de Vitoria s'accorde une fois de plus avec celle de M. Hauriou qui écrit dans son « *Esquisse d'une théorie positive de l'Etat* » : « Si l'on se demande après cela comment s'établit une règle de droit positif dans le régime d'Etat, la réponse est qu'elle s'établit en deux temps : au premier temps la règle est formulée et rendue exécutoire par le pouvoir politique, par l'une des sources du droit écrit, la loi ou d'ordonnance, c'est-à-dire par une opération à procédure. Au second temps, la règle s'établit lentement par la durée en paix, c'est-à-dire au fond *par la coutume* à moins qu'elle ne se désétablisse et ne soit modifiée. » (140).

« Vérité en deçà des Pyrénées, erreur au delà » disait Pascal. Vitoria et M. Hauriou semblent s'appliquer à le faire mentir.

---

(140) *Principes de Droit Public* : page XX.

CHAPITRE II

La Communauté Internationale

L'idée d'une Société des Nations n'est pas nouvelle. Bien avant l'abbé de Saint-Pierre, avant même le grand projet de Sully, Dubois et Crucé avaient tracé le plan d'une organisation idéale de la chrétienté, voire même du monde alors connu, en réservant au Pape une place prépondérante. Vitoria connut-il ces projets ? L'hypothèse n'a rien d'invraisemblable ; ce qui paraît certain c'est que son esprit était trop peu chimérique, trop soucieux de ne pas forcer la nature pour se plaire à des constructions théoriques sorties tout armées du cerveau de leur auteur et sans aucune chance de se résoudre jamais en institutions positives.

Le grand mérite de Vitoria est d'avoir exprimé avec beaucoup de clarté et de vigueur les grands principes politiques qui devaient guider les hommes sans préjuger des moyens empiriques destinés à faire passer ces principes dans les faits. C'est ainsi qu'en droit public interne, formulant la théorie du pouvoir dans la communauté d'État à une époque où le droit féodal n'était pas encore entièrement aboli, il traçait d'avance le plan de la nation moderne qui commençait à s'organiser. De même sur le plan international Vitoria s'est bien gardé de présenter un projet achevé et par là même chimérique. Il a posé le principe d'une société universelle englobant toutes les communautés nationales et dégagé les divers éléments qui devaient entrer dans la formation de cette Société. Aux générations futures d'en réaliser l'aménagement plus ou moins parfait en tenant compte des circonstances et de toutes les difficultés du moment.

C'est donc à cet ensemble de principes qui forme comme le patrimoine juridique et naturel de la communauté internationale qu'il faut d'abord nous attacher. Nous verrons ensuite que Vitoria combat avec une égale vigueur les deux formes d'internationalisme qui se partageaient alors les esprits : l'une plus ou moins entachée de césaro-papisme, attribuant à l'empereur une domination universelle ; l'autre issue de la théorie théocratique du pouvoir direct, plaçant dans la suprématie pontificale la source de tout pouvoir, même temporel. C'est ainsi que, chemin faisant, nous verrons se dessiner peu à peu une ébauche, un commencement de synthèse de la communauté internationale telle que Vitoria put la concevoir.

Les Droits de la Communauté Internationale

M. J. Barthélemy a fort bien dégagé l'idée que Vitoria se faisait des rapports entre les nations : « Vitoria, écrit-il, se refuse à considérer le monde habité comme un ensemble inorganique de nations isolées, sans lien entre elles, n'ayant les unes à l'égard des autres ni droits ni devoirs, si ce n'est le droit absolu pour chacune de se clore chez elle et le devoir pour toutes les autres de respecter cette volonté... Tandis que la plupart des auteurs mettent à la base de leurs systèmes le principe de l'indépendance des Etats, Vitoria insiste au contraire sur leur interdépendance... » (141). Cette interdépendance est amenée naturellement par la vie de société. Comme l'Etat lui-même dont nous avons longuement analysé les caractères, la communauté des Etats forme un tout, une société parfaite, un être organique et vivant qui tire sa justification des principes dérivés du droit naturel. Comme l'Etat, cette société nouvelle est ordonnée au bien commun des nations. « *Le droit des gens n'a pas seulement la force d'une convention ou d'un pacte entre les hommes, mais bien celle de la loi. Le monde entier qui, en quelque sorte ne forme qu'une communauté politique, a le pouvoir de porter des lois*

____

(141) *Les Fondateurs du Droit International*, pp. 7 et 8.

justes, ordonnées au bien de tous, qui constituent le droit des gens. » (142).

Vitoria avait compris que l'unité et la paix du monde ne seraient que des mots tant que subsisterait le faux dogme de la souveraineté absolue des Etats, fût-il tempéré par le palliatif insuffisant de la « courtoisie internationale ». A la notion erronée de souveraineté il substitue aussi bien à l'intérieur qu'à l'extérieur de l'Etat celle de collaboration et d'organisation. Pendant trois siècles on a cru à l'indépendance complète de l'Etat ; ni les leçons de la guerre, ni les efforts de juristes, aussi nombreux que distingués, n'ont pu, jusqu'ici, venir complètement à bout de ce préjugé. De là les hésitations, les reculs, la faiblesse de la Société des Nations qui doit, pour devenir un organisme vraiment vivant et complet, retrouver et appliquer les principes formulés au xvi⁰ siècle par Vitoria.

L'organisation universelle des Etats est, en effet, nécessaire à l'exercice des différents droits que chaque communauté d'Etat peut légitimement revendiquer pour ses membres. C'est d'abord le droit au commerce, entendu dans son sens le plus large et qui dérive du « droit naturel de société et de communication ». Ce droit comporte en premier lieu la faculté d'aller et de venir librement en tous pays et sur tous les points du globe. Traitant particulièrement des Indiens, Vitoria déclare qu'ils ne pouvaient s'opposer au débarquement des Espagnols et il en donne quatorze raisons de valeur inégale. Les meilleures sont qu' « à l'origine, lorsque tout était commun, il était permis à tous de se rendre et de voyager en n'importe quelle région. Cette faculté n'a pas disparu avec le partage des biens car il n'a jamais été dans l'intention des peuples d'enlever aux hommes le droit réciproque de circulation... C'est ainsi que les Français ne peuvent interdire aux Espagnols l'accès de leur territoire, soit pour le traverser, soit pour y habiter s'il n'en doit résulter pour eux aucun dommage et s'ils n'ont pas à en souffrir... C'est faire acte de guerre que d'interdire à des étrangers, comme à des ennemis,

---

(142) « ...jus gentium non solum habet vim ex pacto et condicto inter homines, sed etiam habet vim legis, habet enim totus orbis, qui aliquo modo est una respublica potestatem ferendi leges aequas et convenientes omnibus, quales sunt in jure gentium. »

Rel. p. 133. — De Pot. Civili, § 21.

l'accès d'une ville, d'une province, ou de les en expulser quand ils y sont déjà établis. » (143). Ces quelques lignes résument très nettement les principes applicables en matière d'immigration. Aucun peuple n'a le droit de s'enclore dans ses frontières en invoquant purement et simplement sa souveraineté. Il appartient seulement à l'Etat intéressé de pourvoir au bien commun de ses membres et c'est pour assurer ce bien qu'il pourra édicter des règles protectrices contre les indésirables ou canaliser le flot des immigrants lorsque celui-ci met en péril la santé physique, économique ou morale du pays.

Partisan du « jus soli », Vitoria enseigne également qu'on ne peut empêcher un homme né dans une ville, de parents domiciliés dans cette ville, de revendiquer ses droits de citoyen. L'homme est un « animal politique » ; on n'a pas le droit de l'ex-

---

(143) « A principio orbis (cum omnia essent communia) licebat unicuique in quacumque regione vellet, intendere et peregrinari. Non autem videtur hoc demptum per rerum divisionem. Numquam enim fuit intentio gentium per illam divisionem tollere hominum invicem communicationem... non liceret Gallis prohibere Hispanos a peregrinatione Galliae, vel etiam habitatione, aut e contrario, si nullo modo cederet in damnum illorum, nec faceret injuriam : ergo nec barbaris... Haec est una pars belli, prohibere aliquos tamquam hostes a civitate, vel provincia, vel expellere jam existentes... »

Rel. p. 232. — De Indis, III, § 2.

C'est en tête de ce chapitre que se trouve reproduite la célèbre définition du « Droit des Gens » dans les *Institutes :* « Quod naturalis ratio inter omnes homines constituit vocatur jus gentium. » Le texte de Vitoria porte « *inter gentes* ». Les uns, Nys, Vanderpol, etc..., ont vu là une première affirmation du droit international, bien antérieure à Zouch; d'autres n'y ont vu qu'une simple faute de mémoire ou de copie qui aurait substitué le mot « *gentes* » au mot « *homines* ». On peut soutenir l'une ou l'autre hypothèse. Cependant nous ne pensons pas faire injure au grand théologien en penchant pour la seconde. Dans toutes les éditions des *Relectiones* que nous avons eues entre les mains, la définition précitée est bien présentée comme une citation, en caractères italiques. Si vraiment Vitoria avait voulu attirer l'attention sur le mot « gentes » il ne se serait pas contenté d'altérer un texte sans en rendre raison. Il nous paraît plus probable que Vitoria a cité de mémoire et s'est trompé. Mais la substitution spontanée du mot « *gentes* » au mot « *homines* » ne prouve-t-elle pas que Vitoria avait très présente à l'esprit l'idée que les règles de droit devaient exister entre les nations comme entre les individus ? Le mot « *gentes* » ne l'a pas choqué parce qu'il correspondait parfaitement à sa pensée, et par là, nous rejoignons la première hypothèse.

clure sans juste cause de la société politique et de le priver des
bienfaits de la vie nationale. (144).

Si l'on envisage le mot « commerce » dans son sens le plus
étroit, l'échange des marchandises et des produits apparaît également comme un droit naturel. Les Espagnols ont le droit
d'échanger leurs produits qui manquent aux Indiens contre les
métaux précieux dont ceux-ci regorgent. Il suffit que les Indiens
n'y éprouvent aucun dommage. « De même, si les Espagnols
refusaient tout commerce avec les Français, non pour le bien de
l'Espagne, mais pour priver la France de quelque avantage, cette
loi serait à la fois contre la justice et contre la charité... Il
n'est pas conforme au droit naturel que l'homme s'oppose à
l'homme sans juste raison, car l'homme n'est pas un loup pour
l'homme, comme le dit Ovide, mais un homme. » (145). Il nous
semble que ces textes s'accordent avec une théorie bien moderne.
Ne parlons pas cependant d'abus du droit, disons qu'il y a une
hiérarchie des droits, une limitation des droits les uns par les
autres.

Mieux encore, Vitoria introduit dans le Droit des Gens une
disposition qui annonce déjà la clause dite « de la nation la plus
favorisée » si importante dans l'économie moderne : « S'il y a
chez les barbares des biens communs aux indigènes et aux étrangers, les barbares n'ont pas le droit d'en tenir les Espagnols à
l'écart. Si par exemple ils permettent aux étrangers d'extraire
de l'or des terrains publics ou des cours d'eau, de pêcher des
perles dans la mer ou dans les fleuves, ils ne peuvent l'interdire
aux Espagnols sous les mêmes conditions et pourvu que les indigènes n'aient pas à en souffrir... Puisqu'il est permis aux Espagnols de voyager dans le pays et d'y faire du négoce, ils peuvent
aussi profiter des lois et des avantages accordés à tous les étran-

---

(144) « ...si ex aliquo Hispano nascantur ibi liberi et velint esse cives,
non videtur quod possint prohiberi, vel a civitate, vel a commodis aliorum
civium : dico ex parentibus habentibus illic domicilium. »
Rel. p. 234. — De Indis, III, § 5.

(145) « Clarum est autem, quod si Hispani prohiberent Gallos a com-
mercio Hispanorum, non propter bonum Hispaniae, sed ne Galli participent
aliquam utilitatem, lex esset iniqua, et contra charitatem... Unde contra jus
naturale est, ut homo hominem sine aliqua causa aversetur. Non enim
homini homo lupus est, ut ait Ovidius, sed homo. »
Rel. p. 234. De Indis, III, § 3.

gers. » (146). La tendance est très nette. Dépouillée de sa forme
archaïque, elle fait de Vitoria un partisan des conventions internationales les plus larges sous la réserve du bien commun à sau-
vegarder (147). Les obligations de la vie internationale ne vont
pas, en effet, jusqu'à supprimer totalement un particularisme. ou
si l'on veut un égoïsme nécessaire à la vie des sociétés, comme à
celle des individus. C'est ce qu'oublient parfois un trop grand
nombre d'internationalistes contemporains.

Traitant enfin du commerce des idées Vitoria insiste tout particulièrement sur le droit des missionnaires. Outre les raisons
tirées du droit naturel, il invoque ici le magistère divin de l'Eglise
à laquelle le Christ a dit : « Prêchez l'Evangile à toute créature... »
Mais il ne suffit pas que l'on ait enseigné la religion chrétienne
aux barbares pour qu'ils soient tenus d'y adhérer. Elle doit leur
être présentée par des hommes pieux, manifestant par leurs
vertus et même par des miracles l'excellence de leur doctrine.
Or, Vitoria n'hésite pas à reconnaître qu'il n'a jamais entendu
parler de miracles en Amérique, mais bien de scandales, d'im-
piété, de crimes de toutes sortes. Enfin la parole du missionnaire
serait-elle entourée de toutes les garanties désirables, l'infidèle
tenu en conscience de se convertir, reste cependant libre de ne
pas le faire et ne peut y être contraint par la violence : « Si les
Sarrazins en même temps que les chrétiens et de la même
manière, proposaient leur religion aux barbares, ceux-ci ne
seraient certainement pas tenus de les croire, ils ne sont donc
pas tenus de croire les chrétiens sans quelque raison qui les
convainque. Ils ne peuvent, en effet, deviner quelle est la vraie

---

(146) « Si quae sunt apud Barbaros communia tam civibus, quam hospi-
tibus, non licet barbaris, prohibere Hispanos a communicatione et partici-
patione illorum. Exempli gratia : Si licet aliis peregrinis, vel effodere aurum
in agri communi, vel ex fluminibus, vel piscari margaritas in mari, vel in
flumine : non possunt barbari prohibere Hispanos, sed eo modo duntaxat,
quo aliis, licet ipsis haec et hujusmodi facere, dummodo cives et naturales
incolae non graventur. Haec probatur ex prima et secunda. Nam si licet
Hispanis peregrinari et negotiari apud eos ; ergo licet eis uti legibus et commodis omnium peregrinorum. »
Rel. p. 234. De Indis, III, § 4.
(147) Nous avons vu au chapitre précédent comment cette réserve pouvait jouer dans la politique de l'or par exemple.
Cf. supra p. 59.

religion si des motifs de crédibilité n'apparaissent pas en sa faveur. » (148).

Mais surtout, que le missionnaire ne soit pas, comme en fait il l'a été trop souvent et bien malgré lui, le pionnier des trafiquants et des exploiteurs, experts à communiquer de nouveaux vices aux peuples barbares qu'ils prétendent coloniser. Ces derniers ont droit au respect de leur indépendance et de leurs institutions et l'on ne peut leur faire la guerre sous le seul prétexte qu'ils vivent en dehors de la civilisation. « Il y a, en effet, un certain ordre dans leurs affaires, ils ont des cités policées, le mariage est au nombre de leurs institutions, ils ont des magistrats, des propriétaires, des lois, ils exécutent des travaux, pratiquent des échanges, toutes choses qui nécessitent l'usage de la raison. » (149). Vitoria semble même aller beaucoup plus loin : Il ne serait pas permis d'obliger un peuple à pratiquer les prescriptions les plus élémentaires de la loi naturelle. Ni l'anthropophagie, ni la bestialité des mœurs ne suffiraient à légitimer une intervention armée. Vitoria appuie sa thèse sur plusieurs textes de l'Ecriture, sur l'Histoire des Hébreux et sur des raisonnements qu'il juge décisifs. Le texte de cette discussion se trouvant dans Vanderpol (150), nous nous contenterons d'opposer les thèses en présence : « Il y a (dit-on) des crimes contre nature tels que l'anthropophagie, le concubinage de la mère et de ses fils, des frères et de leurs sœurs ou des hommes entre eux ; pour ces fautes-là on peut faire la guerre aux barbares et les contraindre à s'en abstenir. » (151). Telle est l'opinion de saint Antonin, arche-

----

(148) « ...si simul Saraceni eodem modo proponerent barbaris sectam suam simpliciter, sicut Christiani, non tenerentur eis credere, ut certum est : ergo nec Christianis sine aliquo motivo et suasione proponentibus, quia non possunt, nec tenentur divinare utra sit verior Religio, nisi appareat probabiliora motiva pro altera parte. »
Rel. p. 221. — De Indis, II § 10.

(149) « ...habent ordinem aliquem in suis rebus, postquam habent civitates, quae ordine constant, et habent matrimonia distincta, magistratus, dominos, leges, opificia, commutationes, quae omnia requirunt usum rationis. »
Rel. p. 200. — De Indis, I, § 23.

(150) Vanderpol. Ouv. cité pp. 463 et 482.

(151) « Alia autem sunt contra naturam ut esus carnis humanae, concubitus indifferens, cum matre, sororibus, et cum masculis : et pro his possunt infestari bello, et cogi, ut ab his desistant. »
Rel. p. 224. — De Indis, II, § 15.

vêque de Florence et de Sylvestre, opinion que Vitoria semble combattre énergiquement : « Les princes chrétiens, même avec le consentement du pape, ne peuvent empêcher les barbares de désobéir à la loi naturelle, ni les punir de l'avoir fait. » (152). Vitoria aurait ainsi donné, dès le xvi° siècle, une forme absolue au principe de non intervention qui devait connaître à notre époque une si prodigieuse faveur (153). Du fait même, la pensée du théologien se trouverait entachée d'une grave contradiction car si le principe de non intervention s'accorde avec la théorie de la souveraineté de l'Etat, il ne peut s'accommoder des devoirs qu'impose à chacun de ses membres la société naturelle des nations. Nous croyons cependant que Vitoria ne tombe pas sous le coup de ce grave reproche. Quelques pages plus loin, il voit une juste cause de guerre dans la tyrannie des chefs ou des lois barbares : « Un autre titre (de guerre légitime) pourrait être la tyrannie des chefs barbares ou l'iniquité des lois dirigées contre les innocents, par exemple si on les met à mort pour les sacrifier ou pour manger leur chair. Les Barbares peuvent bien apporter un consentement unanime à ces lois et à ces sacrifices et ne pas vouloir que les Espagnols les en affranchissent ; en cette matière ils n'ont pas un droit qui leur permette de se livrer eux-mêmes ou de livrer leurs enfants au supplice. » (154). « ... même sans en appeler à l'autorité du pape, les Espagnols peuvent interdire aux Barbares toute coutume et tout rite criminels car ils peuvent

------

(152) « Sed pono conclusionem : Principes Christiani etiam authoritate Papae non possunt coercere barbaros a peccatis contra legem naturae. Nec ratione illorum eos punire. »

Rel. p. 225. — De Indis, II, § 16.

(153) Faveur toute verbale et théorique, hâtons-nous de le dire. Car nombreux sont les diplomates ou les hommes d'Etat des deux mondes qui n'ont pas hésité, le cas échéant, à couvrir les interventions les plus discutables d'affirmations qui semblaient bien les condamner.

(154) « Alius titulus posset esse propter tyrannidem vel ipsorum dominorum apud barbaros, vel etiam propter leges tyrannicas in injuriam innocentum, puta quia sacrificant homines innocentes, vel alias occidunt indemnatos ad vescendum carnibus eorum ...Nec obstat quod omnes barbari consentiant in hujusmodi leges, et sacrificia, nec volunt se super hoc vindicari ab Hispanis. In his enim non ita sunt sui juris, ut possint seipsos, vel filios suos tradere ad mortem. »

Rel. p. 242. — De Indis, III, § 15.

arracher des innocents à une mort injuste. » (155). Ainsi se trouve
fondé sur le droit naturel le principe d'intervention que le texte
précédent semblait condamner. Bien mieux, ce principe entraînera des applications très discutables puisque Vitoria semble
reconnaître ailleurs que la révolte des Français contre leur souverain fournirait aux Espagnols une juste cause d'intervention.
Enfin, répétons-le, cette solution est seule compatible avec la
position doctrinale adoptée par Vitoria. Faut-il chercher dans une
erreur matérielle ou dans de subtiles distinctions l'explication du
premier texte ? Il semble que Vitoria y ait envisagé surtout le
problème du point de vue de l'Eglise et tous ses arguments tendent à démontrer que le pape n'a pas le pouvoir de condamner
les infidèles, quels que soient leurs crimes, puisque sa juridiction
ne s'étend pas sur eux. Il est certainement raisonnable de laisser
aux peuples païens la liberté de pratiquer ou non la morale naturelle que, dans bien des cas, on ne force pas les chrétiens à respecter ; il est seulement regrettable que Vitoria n'ait pas fait
aussitôt la réserve qui s'imposait au sujet de certaines fautes particulièrement dangereuses pour la société. (156).

Enfin, on a parfois prétendu rendre raison de ces fautes en
affirmant que les barbares sont de véritables animaux, ce qui
impliquerait pour eux un état d'assujettissement et d'esclavage
ne leur laissant la jouissance d'aucun droit. C'est l'opinion
d'Aristote que Vitoria commente en prêtant généreusement au
philosophe païen ses idées chrétiennes. Nul n'est esclave par
nature car s'il y a des servitudes civiles établies par la loi, il n'y
a pas de servitude naturelle. Si primitifs qu'ils soient, et Vitoria
ne craint pas de dire que bon nombre d'Espagnols n'ont rien à
leur envier (157), les barbares conservent leur personnalité et
les droits qui s'y rattachent. Mais peut-être ces barbares sont-ils

---

(155) « Dico etiam, quod sine authoritate Pontificis possunt Hispani
prohibere barbaros ab omni nefaria consuetudine et ritu, quia possunt defendere innocentes a morte injusta. »
Id. p. 241. — *Ibid.*

(156) On sera peut-être tenté de nous retourner le reproche que nous
avons précédemment adressé à Chénon au sujet de la force obligatoire de
la loi. Mais il s'agissait alors d'arguments volontairement allégés pour donner
à une discussion plus de force et de rapidité. Ici les manquements à la loi
naturelle sont l'objet propre du débat.

(157) « ...cum etiam apud nos videamus multos rusticorum parum differentes a brutis animantibus. »
Rel. p. 300. — *De Indis*, I, § 23.

réellement inaptes au gouvernement de la cité et voués à un
certain assujettissement dont il faut alors préciser soigneusement
la nature et l'étendue. Un peuple barbare est, en effet, comme
un enfant encore privé de raison et c'est un devoir de l'aider dans
sa formation et dans son développement. Aristote enseigne qu'il
y a pour eux « une nécessité naturelle d'être conduits et gouvernés par d'autres ; cela est pour leur bien comme la soumission
des enfants à leurs parents et de la femme à son mari. » (158).
Encore Vitoria n'envisage-t-il cette tutelle qu'avec une grande
timidité (159) et sans affirmer qu'elle soit parfaitement légitime.
Ce qui est certain, c'est que toute tutelle tire sa raison d'être de
l'intérêt du protégé et que les desseins égoïstes doivent en être,
autant que possible, écartés : « (Cette tutelle) pourrait assurément se fonder sur un précepte de charité puisque ces barbares
sont notre prochain et que nous sommes tenus de nous soucier
de leur bien. Mais comme je l'ai dit, il ne faut rien affirmer à
ce sujet et ne pas oublier que c'est le bien et l'utilité des barbares qui doivent être recherchés et pas seulement l'intérêt des
Espagnols. » (160). N'est-ce pas l'application d'un principe analogue que la Société des Nations s'est efforcée de réaliser à
Genève en instituant la Commission des Mandats ?

Droits de circulation, d'immigration ou de naturalisation,
droits de commerce, de prédication, de colonisation, il en reste
un que déjà nous avons vu apparaître et qui est comme la sanc-
tion de tous les autres : le droit de guerre. Vitoria lui consacre
une leçon célèbre dont nous n'entreprendrons pas ici l'étude
détaillée. La question a été reprise bien des fois, elle n'est pas

---

(158) « (Philosophus) vult docere quod a natura est in illis necessitas,
propter quam indigent ab aliis regi et gubernari : et bonum est illis subdi
aliis, sicut illi indigent subjici parentibus ante adultam aetatem et uxor viro. »
Rel. p. 201. — *De Indis,* I, *in fine.*

(159) « Alius titulus posset non quidem asseri, sed revocari in disputa-
tionem, et videri aliquibus legitimus. »
Rel. p. 243. — *De Indis,* III, § 18.

(160) « Et certe hoc posset fundari in praecepto charitatis, cum illi sint
proximi nostri, et teneamur bona illorum curare. Et hoc (ut dixi) sit sine
assertione propositum et etiam cum illa limitatione, ut fieret propter bona
et utilitatem eorum, et non tantum ad quaestum Hispanorum. »
Id. p. 244. *Ibid.*

épuisée et, à elle seule, demanderait un volume. (161). Remarquons seulement qu'ayant affirmé avec beaucoup de force l'interdépendance des nations, Vitoria ne s'est pas élevé jusqu'à la conclusion logique de cette idée. Si les peuples de l'univers forment une société naturelle procurant à chacun d'eux un accroissement de force et de vie, il semble qu'une telle société soit incomplète sans un organe chargé de veiller au maintien des bonnes relations et de l'unité qu'exige la recherche efficace du bien commun. Vitoria s'arrête malheureusement en chemin et laisse à chaque État le soin de faire prévaloir ses droits par la force des armes. C'est arrêter le développement du droit international au stade de la guerre privée. L'État lésé est seul juge de sa propre cause, la faute de l'adversaire fait de lui un justicier chargé de poursuivre la guerre comme une procédure d'exécution. En vain Vitoria conseille-t-il aux princes de s'éclairer, de convoquer les notables et les gens désintéressés ; en vain conseille-t-il aux peuples de combattre sans haine et sans aucune exaltation dangereuse ! Nous avons peine à croire qu'un moraliste avisé se soit laissé duper par un si beau programme et n'ait ressenti aucune inquiétude sur les possibilités de son application. Donner ainsi à chaque nation le droit absolu qui n'appartient qu'à la société universelle, c'est favoriser un individualisme bien dangereux. (162) Encore Vitoria exige-t-il l'évidence pour que la guerre soit légitime, de sorte que la guerre ne saurait être juste des deux

---

(161) Vitoria étudie dans la « *Relectio de Jure Belli* » quatre questions principales :

1° Est-il réellement permis aux chrétiens de faire la guerre ?

2° Qui est investi de l'autorité nécessaire pour faire ou pour déclarer la guerre ?

3° Quelles peuvent et quelles doivent être les causes d'une guerre juste ?

4° Qu'est-il permis de faire dans une juste guerre ?

L'étude des *Commentaires sur la Somme* encore manuscrits fournirait probablement des renseignements complémentaires du plus haut intérêt. — Voir la notice bibliographique : page 111, 4°.

(162) « Le sentiment est beau, les paroles sont élevées. Il ne faut que regretter que l'histoire ne nous offre guère d'exemple qu'un état ou un prince victorieux ait pu se placer à la hauteur de ces vues. La tentation est trop grande : et d'autre part, la confusion des deux fonctions, celle d'accusateur et celle de juge est contre toute justice et subversive du droit lui-même. Au fond, Franciscus doit croire en une sorte de jugement de Dieu par la guerre car il n'imagine même pas le cas d'une victoire pour la partie qui a violé le droit. »

Lange : *Histoire de l'internationalisme*. p. 279.

côtés, sauf dans le cas d'une ignorance invincible. (163). Sans doute celle-ci se présente rarement puisqu'elle suppose la recherche de la vérité avec « toute la diligence humainement possible » (164), mais cette exception, pour légitime qu'elle paraisse, n'en est pas moins redoutable. A titre d'exemple, Vitoria convient que Charles-Quint pourrait revendiquer un droit certain sur la Bourgogne, droit auquel les Français, forts de leur bonne foi et de leur situation de fait pourraient légitimement s'opposer. (165). S'il y a là un cas où la guerre paraît juste des deux côtés, il est facile de les multiplier. On n'y manquera pas dans la suite. Le probabilisme se glisse peu à peu par la porte entr'ouverte et l'exception se développe aux dépens de la règle qu'elle arrive à détruire. En dépit des protestations de Vasquez, la guerre devient avec Molina et Valencia l' « *ultima ratio regum* ». On s'enfonce dans la voie mauvaise de la souveraineté et la guerre cesse d'être une procédure pour devenir un phénomène quasi naturel, totalement étranger à l'ordre moral. L'œuvre capitale qui s'impose à la Société des Nations est précisément de réintégrer la guerre dans l'ordre moral et de la réduire à une procédure d'exécution dirigée contre les délinquants, mais procédure dans laquelle l'Etat lésé ne serait pas juge et partie. C'est tout une éducation à refaire. Il est bien permis d'espérer que le vif mouvement d'intérêt dont l'œuvre de Vitoria est partout l'objet contribuera puissamment à ce redressement nécessaire des esprits.

---

(163) « Posita ignorantia probabili facta aut juris potest esse ex ea parte qua vera justitia est, bellum justum per se, ex altera autem parte bellum justum, id est excusatum a peccato bona fide ; quia ignorantia invincibilis excusat a toto. »
Rel. p. 266. — De Jure Belli, § 32.

(164) « Ad ignorantiam invincibilem satis est quod fecerit humanam diligentiam ad sciendum. »
Rel. p. 230. — De Indis, II, § 9.

(165) « Ut sicut Galli tenent Burgundiam cum probabili ignorantia, credentes pertinere ad eos, Imperator autem noster habet jus certum ad illam provinciam potest bello repetere, et illi illam defendere.
Rel. p. 236. — De Indis, III, § 6.

Une première forme d'internationalisme : l'Empire

La théorie dont nous venons de retracer brièvement les grandes lignes était nouvelle au xvi⁰ siècle, car si les hommes de l'antiquité et du Moyen Âge avaient bien eu la notion d'une société universelle, ils n'avaient pas considéré les Etats distincts et libres comme les membres vivants d'un corps organisé. Leur tendance naturelle les portait volontiers à rattacher à un seul principe, ou mieux encore, à un seul homme, l'unité du monde alors connu. Pour les uns, plus ou moins imbus de césaro-papisme, l'empereur, héritier d'Auguste était l'unique déposi-taire d'un pouvoir vraiment souverain ; pour les autres, parti-sans de la théorie du pouvoir direct, le pape chargé des deux glaives était le maître des corps et du monde temporel comme il était le guide des âmes et le chef du monde spirituel. Vitoria est naturellement amené à combattre ces tendances extrêmes. Il refuse à l'empire autre chose qu'une suprématie de fait qui n'enlève aux autres Etats aucun des droits naturels attachés à leur personnalité. Il nie également que le pape soit à la fois le souverain spirituel et temporel du monde en rappelant la doc-trine dualiste de Saint Thomas qui fait à chaque pouvoir sa part légitime et suppose entre eux une collaboration librement con-sentie bien que hiérarchisée.

C'est dans la leçon « *De Indis* » que Vitoria refuse à l'em-pereur le pouvoir universel qui ferait de lui un vice-dieu sur la terre en réfutant les arguments sur lesquels on prétend fonder

ce droit exorbitant. (166). Avant la venue du Christ, disait-on,
l'empereur était « *divus* » ou « *augustus* » et l'Evangile de Saint
Luc rapporte que César Auguste ordonna un recensement de
tout l'univers. Les empereurs chrétiens pourraient-ils être moins
puissants que leurs prédécesseurs ? De plus, si la monarchie est,
comme l'enseigne Saint Thomas et comme semble le penser
Aristote, le meilleur régime politique, peut-on admettre que
Dieu lui-même n'ait pas voulu en gratifier le monde ? Enfin,
il n'y a qu'à considérer la nature : les abeilles n'ont qu'un
roi (167), le corps humain est soumis au cœur et l'âme à la
raison ; de même le monde ne doit obéir qu'à un seul chef,
vicaire du Dieu unique.

Vitoria n'a pas de peine à démontrer la vanité de ce raisonnement ; il affirme que ni le droit naturel ni le droit divin, ni
le droit humain n'en autorisent les conclusions. Le droit naturel
ne le permet pas parce que les hommes sont égaux par nature
et que seuls le père et le mari puisent directement leur autorité
dans le droit naturel. Le droit divin ne le permet pas davantage.
Dans l'antiquité, le peuple de Dieu échappait à toute domination
étrangère et si les Romains, comme le remarque Saint Thomas,
semblent avoir eu quelque temps l'empire du monde, ce ne
fut pas un don direct de Dieu, mais le fruit naturel de leur
habileté et de leur persévérance. La venue du Christ ne crée pas
davantage un droit extraordinaire à l'empire universel. Pour
Vitoria interprétant Saint Thomas, il semble peu probable que
le Christ ait été réellement le maître temporel du monde. (168).
L'eût-il été que ce pouvoir eût disparu avec lui puisque nulle
part il n'est fait mention de son transfert. Du reste la rivalité
de l'empire d'Orient et de l'empire d'Occident prouve bien qu'il
n'y a pas, de droit divin, un seul empire sur la terre, de même
l'indépendance de la France ou de l'Espagne à l'égard de l'em-

---

(166) Voir VANDERPOL ; ouvr. cité p. 442 et suiv.

(167) Cette inexactitude appelle une remarque peu juridique. Le rôle
de la reine dans les colonies d'abeilles est une découverte des naturalistes
modernes. Vitoria n'a fait que reprendre, sans le modifier, un texte de Saint
Jérôme. Bien avant ce dernier, Virgile, malgré de patientes observations avait
commis la même erreur.

(168) Bellarmin et bon nombre de théologiens modernes se sont pro-
noncés en sens contraire. Leur opinion a été confirmée en 1925 par l'encyclique
« Quas Primas » établissant la fête du Christ-Roi.

pire. (169). Mieux encore, l'empire universel ne peut être une création du droit divin, car le patrimoine de l'Eglise et du pape lui-même lui seraient soumis et aucune cession des empereurs ne pourrait prévaloir contre la volonté divine.

Enfin l'étude du droit humain est aussi concluante. Aucune loi n'a pu donner à l'empereur une souveraineté universelle car une telle loi suppose un pouvoir de juridiction. Or, l'empereur ne le possédait pas et il n'a pu l'acquérir ni par succession, donation, élection, juste guerre ou par quelque autre moyen légal.

----

(169) Vitoria semble lier fâcheusement la question de droit à la question de fait. Si cet argument était juste on pourrait prétendre que l'église catholique n'a pas, de droit divin, le magistère universel puisqu'il existe des églises dissidentes ou rivales.

SECTION III

Une seconde forme d'internationalisme : l'Eglise

Nous avons pu mener rapidement la discussion au sujet de l'empire qui n'est depuis longtemps qu'un souvenir historique et sur lequel Vitoria lui-même insiste assez peu. Au contraire, la constitution de l'Eglise, la nature de son pouvoir, l'étendue de son action sur la communauté internationale doivent nous retenir plus longtemps. Vitoria n'a pas consacré moins de trois « *relectiones* » à ces importants problèmes dont l'actualité s'affirme plus que jamais.

1. L'origine du pouvoir ecclésiastique.

Comme il a justifié l'existence du pouvoir civil, Vitoria démontre la nécessité du pouvoir ecclésiastique. Le raisonnement suit une marche analogue. C'est la cause finale du pouvoir civil que nous avons d'abord étudiée et c'est sur elle, sur le bien commun à procurer que nous avons fait reposer tout l'édifice. Pour prouver la nécessité d'un pouvoir spirituel, Vitoria est donc amené à rechercher la fin de ce nouveau pouvoir, à la distinguer et en quelque sorte à l'isoler soigneusement : « En second lieu, Durand prouve (la nécessité d'un pouvoir spirituel) dans son traité sur l'origine du droit : le pouvoir est établi dans l'Etat pour que les hommes soient exhortés au bien et détournés du mal... Si le bien auquel les hommes doivent être encouragés et le mal dont il faut les écarter ne tenaient qu'à la vie politique présente, le pouvoir temporel et laïc y suffirait certainement. Mais comme la vie des fidèles ne tend pas seulement à une fin et à un état politiques mais principalement aux biens éternels, ce sont eux qui doivent d'abord être recherchés... Aussi pour que les hommes soient dirigés et comme portés vers cette fin surnaturelle, pour que, s'ils s'égarent, ils soient ramenés dans le droit chemin par l'attrait des récompenses ou la crainte du châtiment, il fallait nécessairement un autre pouvoir à côté du pouvoir civil. » (170). La distinction est donc très nette, Vitoria y revient volontiers et montre que si l'éternité, par hypothèse, n'existait pas, la structure et les attributions de l'Etat ne s'en trouveraient pas modifiées : « De l'avis des meilleurs philosophes, un homme courageux devrait sacrifier sa vie au salut de l'Etat même s'il n'y avait pas de félicité dans l'autre vie. L'Etat subsisterait donc abstraction faite de toute finalité spirituelle, ce qui implique, entre les chefs et les sujets, une hiérarchie sans laquelle il n'y aurait pas d'Etat à proprement parler. » (171).

En outre, « chez les païens, le pouvoir temporel et politique possède toute sa plénitude comme on l'a prouvé ailleurs. Cela résulte également du texte de saint Paul qui ordonne d'obéir aux princes même païens. Or ceux-ci n'ont aucun pou-

---

(170) « Secundo probat Durand in tractatu de origine juris Potestas constituitur in Republica, ut homines provocentur ad bonum, et arceantur a malis ...Quod si bona quidem ad quae homines promoveri deberent, et mala, a quibus deterri oporteret, spectarent solum ad vitam politicam praesentem, sufficeret certe temporalis et laïca potestas. Et cum vita fidelium non solum tendat ad finem, et statum civilem, imo multo impensius, et principalius in bona perpetua, quaerendo primum ea juxta domini consilium : « Primum quaerite regnum Dei ». Ideo ut homines dirigantur et provehantur in finem illum super naturalem, et si forte aberraverint, revocentur in rectam viam vel laude, vel praemio, vel timore, vel poena : necessarium fuit ut esset aliqua potestas praeter civilem. »
Rel. p. 6. — De Pot. Ecclesiae, 1, § 4.

(171) « ...ex sententia meliorum philosophorum, vir fortis deberet ponere vitam pro republica, etiam si non esset aliqua foelicitas post hanc vitam. Ergo adhuc maneret respublica, secluso fine spiritualis potestatis, et per consequens maneret aliquis ordo principatus, et subditorum, sine quo non esset propria respublica. »
Rel. p. 47. — De Pot. Ecclesiae, V, § 9.

voir ecclésiastique, c'est donc que les deux pouvoirs sont distincts. » (172).

Considérés isolément, l'Eglise et l'Etat apparaissent ordonnés à une fin différente : celui-ci organise la cité terrestre, celle-là prépare la cité divine, et de cette diversité des fins poursuivies découle naturellement la diversité de leur constitution interne.

Nous ne reviendrons pas sur ce que nous avons dit au chapitre précédent touchant l'origine du pouvoir. Puisque « tout pouvoir vient de Dieu », ce n'est pas le pouvoir ecclésiastique qui peut faire exception à une règle aussi absolue. Rappelons seulement que nous avons vu dans la communauté d'Etat un être organique, capable de pourvoir lui-même à son aménagement et libre de choisir parmi les différents régimes politiques celui qui lui convient le mieux. Cette faculté vient directement de la nature ; puisque celle-ci ne fait pas les princes, « il est certain que le pouvoir civil réside dans l'Etat tout entier ».

Il n'en va pas de même dans toutes les sociétés : « Dans la communauté domestique, c'est-à-dire dans la famille, le pouvoir de diriger ne réside pas immédiatement dans la communauté mais dans la personne du père de famille. » (173). De même pour l'Eglise : « Si le pouvoir ecclésiastique résidait d'abord dans l'Eglise, il s'ensuivrait que tous les successeurs des Apôtres tiendraient leur pouvoir de l'Eglise, c'est-à-dire de la communauté et de la société des chrétiens de même que tout pouvoir civil vient de la communauté politique. Cette conséquence est évidemment fausse car ni les Apôtres ni leurs successeurs n'ont tenu leur puissance des autres hommes. Les Apôtres la reçurent du Christ et leurs successeurs la reçurent des Apôtres,

---

(172) « Apud paganos est integra potestas temporalis et civilis, ut alias a me probatum est, et satis constat ex Paulo, ubi jubet esse subjectos Principibus etiam paganis, et apud eos non est potestas Ecclesiastica : ergo haec potestas distincta est ab illa. »
Rel. p. 7. — De Pot. Ecclesiae, I, § 8.

(173) « In communitate domestica, id est, in familia potestas et authoritas regendi non est immediate penes familiam, sed penes Patrem Familias... »
Rel. p. 72. — De Pot. Ecclesiastica, § 4.

mais ni les uns ni les autres ne la reçurent jamais de l'Eglise universelle. » (174).

Ainsi le pouvoir est toujours d'origine divine, mais Dieu n'en a pas imposé la forme à la société civile. Au contraire, dans l'Eglise comme dans la famille, la monarchie est vraiment de droit divin.

Il n'en résulte pas que Dieu, ayant confié le pouvoir à des personnes déterminées : à Pierre, à Jean et aux Apôtres, continue à désigner nommément leurs successeurs. L'Eglise détermine par l'élection ceux qui doivent la diriger, mais Vitoria se hâte de mettre en garde contre une méprise possible : « En second lieu je déclare que déférer à l'élection le gouvernement de l'Eglise universelle ne suppose pas que le pouvoir réside immédiatement dans l'Eglise. C'est une notion de droit que les électeurs ne possèdent pas nécessairement le pouvoir dont ils confèrent la charge. Il en est ainsi des électeurs de l'Empire. De même les électeurs d'un abbé n'en possèdent ni l'autorité, ni la dignité, mais ils ont la faculté et le pouvoir de lui attribuer cette dignité. » (175).

L'Eglise aura donc recours à l'élection mais en entourant cette opération délicate de toutes les garanties possibles. On s'efforcera de recruter des électeurs à la fois vertueux et compétents, ce qui écarte le suffrage universel ou même toute consultation un peu vaste : « Le peuple ne peut juger des mérites et des qualités qu'exige le Souverain Pontificat. Il ne peut se livrer à un examen et discerner le digne et l'indigne ; l'élection ou l'institution n'appartiennent donc pas au peuple. Il serait

---

(174) « ...si potestas ecclesiastica esset primo in Ecclesia, sequitur quod omnes alii haberent potestatem ab Ecclesia, hoc est a communitate, et Respublica Christianorum, sicut omnis potestas civilis est a communitate. Consequens patet falsum. Nec enim Apostoli, nec successores eorum habuerunt potestatem ab aliis hominibus, sed ipsi a Christo, et alii ab Apostolis, imo nullus unquam habuit ab Ecclesia universali. »

Rel. p. 71. — De Pot. Ecclesiatica, § 4.

(175) « Secundo dico, quod dato, quod ad universalem Ecclesiam spectet electio, non valet consequentia, ergo in Ecclesia est potestas, vel authoritas Ecclesiastica immediate. Antecedens enim est notum in jure, quod non oportet ut electores habeant authoritatem ad quam eligunt, sicut patet de electionibus Imperatoris : imo electores Abbatum nullam habent authoritatem, vel dignitatem, sed habent authoritatem, et potestatem applicandi dignitatem illi. »

Rel. p. 78. — De Pot. Ecclesiastica, § 6.

absurde de laisser le choix du Pontife suprême à des hommes qui, sauf fortuitement et par hasard, ne peuvent y pourvoir comme il faut. » (176).

Il y a loin, on le voit, de ce gouvernement aristocratique et monarchique au gouvernement civil où Saint Thomas estime qu'il est d'une saine psychologie de donner quelque pouvoir au peuple pour l'intéresser à la chose publique et de faire ainsi une place à la démocratie. Mais si différentes que soient leur origine et leur organisation, l'Eglise et l'Etat n'en sont pas moins appelés à collaborer ; ils exercent l'un et l'autre leur autorité et leur influence sur les mêmes sujets, il est donc nécessaire de déterminer les règles qui doivent présider à leurs rapports réciproques et d'étudier le rôle que l'Eglise est appelée à jouer dans la communauté des nations.

2. Les droits de l'Église
dans la communauté internationale.

Dès ses premiers temps, à mesure qu'elle étendait son influence et voyait croître son autorité, l'Eglise dut, par la voix de ses théologiens, de ses canonistes et de ses pontifes, définir son attitude à l'égard du pouvoir politique. De leur côté, les empereurs, les princes, les légistes se sont souvent efforcés de faire prévaloir théoriquement et pratiquement le pouvoir temporel sur le pouvoir spirituel. Ce grave conflit a donné naissance, au cours des siècles, à des doctrines nombreuses et variées qui, si l'on s'en tient à l'essentiel, peuvent se ramener à quatre et s'opposer deux à deux. A la théorie théocratique du pouvoir direct qui s'efforce de prouver l'absolutisme du pouvoir ecclésiastique s'oppose le césaro-papisme qui préconise la confusion des pouvoirs entre les mains de l'empereur ; à la doctrine dualiste de Saint Thomas qui fait à chaque pouvoir sa part et suppose entre eux une collaboration librement consentie, bien que hiérarchisée, s'oppose le dogme laïc et moderne de la séparation de l'Eglise et de l'Etat.

A l'aide d'une argumentation serrée, Vitoria combat le

---

(176) « Item populus non potest judicare merita et qualitates requisitas ad dignitatem Summi Pontificis, nec examinare, et discernere inter dignum et indignum : ergo electio vel institutio non spectat ad plebem. Esset enim absurdum, ut providentia Sacerdotii commissa esset illis, qui nisi forte et casu non possent recte providere. »
Rel. p. 102. — De Pot. Ecclesiastica, § 19.

premier groupe de ces théories. Le pape n'a pas été investi d'un pouvoir temporel absolu et universel ; l'empereur n'a pas été chargé davantage de la gestion du domaine spirituel. Reprenant la théorie traditionnelle de l'Eglise et l'enseignement de Saint Thomas, Vitoria reconnaît à chaque institution sa personnalité propre, tout en s'efforçant de déterminer leurs rapports réciproques. Quant à la séparation absolue des deux pouvoirs, Vitoria la condamne en quelques mots. En dépit des audaces de la Réforme, l'hypothèse devait lui paraître excessive, voire invraisemblable.

« ... Il est deux questions, écrit Vitoria, que j'ai résolu d'étudier particulièrement : la première, est-ce que le pouvoir civil est assujetti au pouvoir ecclésiastique ? L'autre, au contraire, est-ce que les ecclésiastiques sont assujettis au pouvoir civil ? A chacune de ces questions, des solutions opposées ont trouvé de nombreux et notables défenseurs...

« Le pape est-il réellement au-dessus de la juridiction et de l'autorité du pouvoir civil ? Les uns, emportés par leur zèle en faveur des Pontifes, pensent que les rois et les autres princes de ce monde ne sont que les vicaires ou les délégués du Pontife romain, les ministres du pouvoir papal et que toute puissance temporelle est issue du Pontife romain. Les autres, au contraire, soustraient si bien les princes au pouvoir ecclésiastique qu'ils ne laissent rien d'intact à ce dernier et veulent déférer ou faire aboutir toutes les causes, même spirituelles, à un jugement civil et sans appel. Pour nous, faisant sa part à l'un et à l'autre pouvoir, nous répondrons seulement par quelques propositions à la question posée. » (177).

---

(177) « ...duas potissimum quaestiones constitui disputare. Alteram, an potestas civilis sit subjecta spirituali potestati. Alteram, an e contrario Ecclesiastici sint subjecti potestati civili, nam utraque quaestio in utramque partem assertores, et defensores non paucos, nec postremi nominis habet...

« Utrum scilicet Papa sit superior potestate civili juridictione et authoritate. Et quidem sunt qui tanto studio et favore Pontificum feruntur, ut putent Reges et alios Principes temporales non esse nisi Vicarios aut Legatos Romani Pontificis ut ministros potestatis Papalis, et quod omnis potestas temporalis derivetur a Romano Pontifice. Alii e contrario ita eximunt Principes a potestate Ecclesiastica, ut nihil pene integrum relinquant Ecclesiasticae potestati, sed omnes causas etiam spirituales velint deferri ad judicium civile, et illic terminari. Nos interutrosque utramque potestatem temperantes aliquot propositionibus quaestioni propositae respondebimus. »

Rel. pp. 39 et 40. — De Pot. Ecclesiae, V, § 1.

Première proposition : Le pape n'est pas le maître du monde.
On en trouve la preuve dans les textes de l'Evangile et de saint
Bernard que Vitoria cite longuement et dans les faits. Les papes
n'ont-ils pas reconnu qu'ils avaient reçu de l'empereur la souveraineté sur certains territoires ? En outre, le pape n'a d'autorité
qu'à l'intérieur de l'Eglise. Les infidèles échappent donc à sa juridiction puisqu'ils doivent obéissance à leurs princes et que ceux-
ci, en aucun cas, ne tiennent leur pouvoir du pape. Vitoria en
profite pour relever l'erreur et le manque de caractère de nombreux jurisconsultes qui se sont montrés trop soucieux de flatter
l'ambition des pontifes. Saint Thomas, qui fut pourtant le défenseur très zélé de l'autorité pontificale se montra plus courageux
en ne reconnaissant jamais la souveraineté universelle et temporelle du pape. (178). Il est inexact et ridicule d'affirmer que les
donations faites au Saint-Siège par Constantin ou par Philippe-
Auguste n'étaient que des restitutions et que si le pape n'use pas
de sa puissance pour gouverner le monde, c'est uniquement pour
sauver la paix. Il n'est écrit nulle part qu'une telle puissance ait
été donnée aux Apôtres et aucun pape ne se l'est reconnue. Au
contraire, Innocent III déclare dans sa lettre *Per Venerabilem*
qu'il n'a pas d'autorité sur le roi de France en matière temporelle.

Deuxième proposition : Le pouvoir temporel ne dépend pas
du Pontife suprême comme en dépend l'autorité de l'évêque
ou du curé. Cette proposition découle de la précédente car nul
ne peut donner ce qu'il ne possède pas. Le pape n'est pas davantage chargé de désigner les titulaires d'un pouvoir qu'il ne possé-
derait pas en propre, comme il attribue des dignités, des pré-
bendes, des biens dont il n'a pas la propriété personnelle. Les
glossateurs qui ont prétendu le contraire n'ont pu s'appuyer ni

---

(178) « Ex quo patet error multorum jurisconsultorum ut Archidiac.
Panormit. Sylvest. et multorum aliorum, qui putant quod Papa est dominus
orbis proprie dominio temporali, et quod habet authoritatem et jurisdictionem
temporalem in toto orbe supra omnes Principes. Hoc ego non dubito esse
manifeste falsum, cum tamen ipsi dicant esse manifeste verum, ego puto
esse verum commentum in adulationem et assentationem Pontificum, unde et
cordatiores jurisconsulti oppositum tenent, ut Jean, André et Hugo, nec S.
Thom., qui fuit studiosissimus authoritatis Pontificiae, hoc dominium unquam
tribuit summo Pontifici. »
Id. ibid., § 2.

sur la doctrine, ni sur les faits. Le domaine privé ne relève pas du pape ; il en est de même du domaine public.

Troisième proposition : Le pouvoir civil n'est pas assujetti au pouvoir temporel du pape. Vitoria précise qu'il s'agit seulement du pouvoir temporel du pape et distingue très finement cette proposition des précédentes. En effet, bien que le pape ne soit pas le maître du monde (première proposition) et qu'il n'ait pas le droit, au temporel, d'instituer les souverains (deuxième proposition) il pourrait avoir sur les princes une supériorité analogue à celle que possède l'empereur sur certains rois ou qu'ont exercée les rois de France, par exemple, sur les comtes de Flandre. De même encore, le roi est au-dessus des personnes privées dans son royaume, mais ce n'est pas lui qui leur confère la propriété de leurs biens. Vitoria repousse également cette hypothèse. « *Au temporel, l'Etat est une société parfaite et indépendante. C'est pourquoi il peut se donner un prince qui ne soit soumis à aucun autre pouvoir temporel.* » (179). Il n'est donc assujetti à aucun pouvoir pris en dehors de lui, sinon il ne serait pas indépendant. En outre, si le pape était investi d'un pouvoir temporel sur le monde, pourquoi les évêques n'en jouiraient-ils pas dans les limites de leur diocèse ? Pourtant les défenseurs du pouvoir temporel des papes reculent devant cette conséquence logique de leur théorie. Il serait vain d'alléguer une simple raison d'opportunité en disant que les pontifes conservent la jouissance d'un droit dont ils ont perdu momentanément l'exercice ; en matière temporelle, Vitoria repousse tout recours à l'autorité pontificale. Alexandre III était de cet avis quand il refusait d'empiéter sur les droits du roi d'Angleterre. De même saint Bernard déclarant à Eugène IV qu'il fallait abandonner les infimes intérêts temporels à leurs véritables juges, les princes de la terre. Enfin, Innocent III lui-même déclarait aux évêques de France : « Nous n'avons pas à nous prononcer sur le fief, cette question regarde le roi de France. » Il en résulte que le pape ne peut connaître, du moins par la voie ordinaire, des procès civils et qu'il n'a aucune compé-

---

(179) « Quia Respublica temporalis est Respublica perfecta et integra, ergo non est subjecta alicui extra se, alias non esset integra, ergo potest sibi constituere Principem, nullo modo in temporalibus alteri subjectum. »

Id. p. 43. — *Ibid.* § 4.

Il est à peine besoin de faire remarquer que l'indépendance de l'Etat s'exerce ici en droit public interne et non externe.

tence pour les trancher en appel. Il ne peut pas davantage déposer un prince, même pour une juste cause, en invoquant un pouvoir temporel qu'il n'a pas. Enfin il n'a pas qualité pour confirmer ou infirmer une loi civile. Puisque le pouvoir civil ne relève pas de lui, il en est de même des actes de ce pouvoir.

Quatrième proposition : Précisant encore sa pensée, Vitoria déclare que le pape ne possède aucun pouvoir purement temporel. C'est l'avis de Cajetan (Apolog. II, cap. 13) qui ne voit en la personne du pape que la plus haute puissance de l'Eglise. Le pouvoir spirituel lui a été confié pour l'accomplissement d'une fin spirituelle et il ne possède aucun pouvoir ordonné directement à une fin temporelle. C'est également l'avis de saint Thomas. Défenseur zélé des pontifes, celui-ci ne leur a jamais reconnu un tel pouvoir. Il remarque au contraire que les princes ont dispensé le clergé du paiement de l'impôt ; si le pape était souverain au temporel et conférait le pouvoir aux rois. il n'aurait pas besoin de ceux-ci pour exempter les ecclésiastiques de l'impôt. (180)..

Cinquième proposition : Enfin Vitoria tient à préciser le sens d'une comparaison devenue banale chez les théologiens, à savoir que le pouvoir temporel dépendrait du pouvoir spirituel comme l'art inférieur dépend de l'art supérieur, comme l'art de fabriquer les armes dépend, par exemple, de l'art de la guerre. Vitoria remarque qu'il y a là une subordination étroite, celle de l'instrument à sa fin, de l'organe à sa fonction. La disparition de la guerre rendrait inutile la fabrication des armes, tandis que la disparition de l'Eglise n'empêcherait pas l'Etat de subsister. (181).

Le pouvoir indirect de l'Eglise. — Mais si, comme nous l'avons vu, l'Eglise ne possède pas naturellement un pouvoir temporel ordonné à une fin purement temporelle, elle dispose cepen-

---

(180) Ce n'est pas à dire que tout pouvoir temporel soit refusé au pape et que celui-ci n'ait pas le droit de présider aux destinées d'un état. En fait, le pape, pendant des siècles, a fait figure de chef d'état. Mais ce n'était là qu'un caractère *accidentel* dans la mesure où ce pouvoir ne servait pas directement à l'administration de l'Eglise et au gouvernement spirituel des âmes.

(181) Sous cette forme, la remarque paraît assez discutable car les armes peuvent servir à la chasse tout aussi bien qu'à la guerre. Du reste, dès la page suivante, Vitoria reprend à son compte la comparaison incriminée qui se trouve déjà dans Saint Thomas (2.2 q. 40, art. 3). On la retrouve plusieurs fois au cours des « *Relectiones* ».

dant d'un certain pouvoir temporel qui rend possible et facilite
l'exercice de son ministère spirituel. C'est l'avis de saint Bernard,
plus soucieux pourtant de réprimer l'ambition du pape que de
l'exalter. (182). Vitoria consacre une dizaine de pages à l'étude de ce
pouvoir.

« Il est nécessaire à la bonne administration de l'Eglise, écrit-
il, et à l'accomplissement de sa fin spirituelle, qu'elle possède un
certain pouvoir temporel... Dans cet ordre, le pape possède un
très grand pouvoir temporel sur tous les princes, tous les rois
et tous les empereurs... en cas de nécessité il peut non seulement
se substituer à eux, mais encore les déposer, leur donner des
successeurs et s'il le faut, diviser les empires. » (183). Toutefois
le pape ne peut exercer directement et immédiatement cette pré-
rogative. « Il ne doit ni ne peut usurper sans nécessité les fonctions du pouvoir civil et s'opposer ainsi aux droits des princes. »
(184). Il doit donc s'efforcer d'agir auprès de l'autorité légitime
pour rappeler à son devoir un gouvernement imprudent ou
rebelle. En cas d'échec il se substitue de plein droit à l'autorité
défaillante. Par exemple si un peuple chrétien se donnait pour
roi un prince païen qui mît en danger la foi de ses sujets, ce
prince n'en serait pas moins légitime, mais le pape devrait engager son peuple à choisir un autre chef ; si le peuple ne pouvait
pas ou ne voulait pas le faire, c'est au pape qu'il appartiendrait,
de sa propre autorité, de déposer le prince jusque là légitime.
Mieux encore, si des princes se faisaient la guerre au sujet de
quelque province au grand détriment de l'Eglise, le pape pour-

---

(182) C'est aussi l'enseignement de Saint Thomas : « Le pouvoir séculier
est soumis au pouvoir spirituel comme le corps à l'âme. Par conséquent,
c'est sans usurpation que le pouvoir spirituel intervient dans les affaires
temporelles relativement aux choses dans lesquelles le pouvoir séculier lui
est soumis. »
Sum. Théol. IIᵃ IIᵃᵉ, 60, art. 6, ad. 3.

(183) « Necessarium fuit ad commodam administrationem Ecclesiae, et ad
finem spiritualem, ut in Ecclesia esset potestas temporalis ...In ordine ad finem
spiritualem Papa habet amplissimam potestatem temporalem supra omnes
Principes, et Reges et Imperatores... et quando necesse est ad finem spiritualem, potest non solum omnia, quae Principes seculares possunt, sed facere
novos Principes, et tollere alios et imperia dividere et pleraque alia. »
Rel. pp. 48-50. — De Pot. Ecclesiae, V, § 12.

(184) « Papa non debet, nec potest usurpare potestatem civilem nisi
necessitate, alias faceret injuriam principibus si occuparet officium eorum. »
Id. p. 51. — *Ibid.* § 13.

rait interdire cette guerre, juger les parties en cause et reconnaître le bon droit de l'un ou l'autre des belligérants. (185).

C'est en vertu du même pouvoir que le pape a pu légitimement confier aux Espagnols le soin d'évangéliser les Indiens du Nouveau-Monde et interdire aux autres peuples chrétiens l'accès de ce territoire, pour éviter de redoutables compétitions. « De même pour maintenir la paix entre les princes et assurer l'expansion de la religion, le pape a pu partager les terres des Sarrasins entre les princes chrétiens et interdire à l'un l'accès sur la part de l'autre ; de même encore c'est pour le bien des âmes que le pape pourrait créer des princes, même pour des peuples qui n'auraient jamais eu de princes chrétiens. » (186).

Qu'il reste toutefois bien entendu que ce pouvoir quasi illimité du pape sur les nations requiert une double condition : la présence d'un intérêt spirituel et l'état de nécessité. « Si le pape, écrit Vitoria, déclarait que telle mesure administrative ne convient pas au gouvernement temporel de l'État, il ne devrait pas être écouté, car ce n'est pas à lui d'en juger, mais au prince.... Mais si le pape affirmait que telle mesure tourne au détriment des âmes, que telle loi ne peut être obéie sans faute mortelle,

(185) « ...si Populus Christianus eligeret Principem Infidelem, de quo merito timeretur, quod populum adverteret a fide, nihilominus manendo in jure divino solum, esset verus Princeps, nihilominus Papa deberet admonere populum, imo praecipere ut tolleret illum : quod si nollet, aut non posset, tunc Papa sua authoritate posset eum tollere, et qui prius erat verus Princeps, authoritate Papae perderet principatum. Et similiter dico in aliis negotiis temporalibus, quod Papa non potest praevenire potestatem temporalem ; et quamtumcunque potestas temporalis sit negligens in administratione reipublicae ; si hoc non vergit in detrimentum rerum spiritualium, Pontifex nihil potest : sed si hoc vergit in facturam gravem spiritualium, potest adhibere remedium eo modo quo dictum est. Et similiter si Principes inter se belligerant de aliqua provincia cum manifesto detrimento et malo religionis, non solum potest interdicere eis bellum, sed si aliter convenire non possunt, potest Judicare inter illos per authoritatem propriam, et dare jus uni eorum et auferre alteri. »
Id. p. 51. — *Ibid.* § 13.

(186) « Sicut etiam pro pace conservanda inter Principes et Religione amplificanda, potuit Papa provincias Saracenorum inter Principes Christianos ita distribuere, ne alius in alterius partes transeat : sic etiam posset pro commodo Religionis Principes creare, et maxime ubi antea nulli fuissent Principes Christiani. »
Rel. p. 239. — De Indis, III, § 10.

qu'elle est contraire au droit divin ou qu'elle est une source de péchés, il faudrait s'en tenir au jugement du Pontife. » (187).

Ainsi se trouve brièvement résumée la théorie connue sous le nom de théorie du « pouvoir indirect » (188) qui peut paraître absolument inadmissible aux non catholiques. Peu importe, dira-t-on, que l'on affirme l'indépendance des Etats en matière purement temporelle si l'on nie cette indépendance dès qu'un intérêt

----

(187) « Si Papa diceret talem administrationem non expedire gubernationi temporali reipublicae, Papa non esset audiendus quia hoc judicium non spectat ad eum, sed ad Principem... Sed si Papa dicat talem administrationem cedere in detrimentum salutis spiritualis, ut quod talis lex servari non posset sine peccato mortali, aut esset contra jus divinum, aut esse fomentum peccatorum standum esset judicio Pontificis, quia Rex non habet judicare de rebus spiritualibus, ut supra dictum est. »

Rel. p. 52. — De Potestate Ecclesiae, V, § 14.

C'est ici qu'intervient une question particulièrement délicate : est-il permis dans certains cas, de résister aux ordres du Souverain Pontife ? Vitoria pose en principe qu'un ordre manifestement injuste, émanant de l'autorité pontificale ne peut obliger en conscience. Mais si le Pape exige l'obéissance, comment pourra-t-on lui résister ?

1° Ce ne sera pas en faisant appel de la sentence à un futur concile. Vitoria démontre, contre Gerson et Ocham qu'un tel appel n'est pas licite et que, le serait-il, ses dangers seraient beaucoup plus considérables que ses avantages.

2° Ce ne sera pas par la résistance des personnes privées qui ne pourrait s'exercer qu'au mépris de l'autorité souveraine.

3° Si le pape, enfreignant les décisions des conciles, prenait des mesures qui tendent ouvertement à la destruction de l'Eglise. il appartiendrait aux Evêques, aux conciles provinciaux et au princes de lui résister. Cette résistance pourrait être passive ou active ; si cela était nécessaire, elle pourrait s'aider de la force des armes comme dans le cas d'un chef d'Etat qui manquerait gravement à sa mission.

4° Un concile universel pourrait alors être réuni malgré l'opposition du pape pour porter remède à la situation.

5° Dans tous les cas il faut veiller : 1) A ce que le Pontife soit entouré de tous les égards dûs à sa personne et à son autorité pour que l'Eglise ne participe pas à son déshonneur ; 2) A ce que tout scandale et tout schisme soient évités car si l'on permet une fois aux Princes de désobéir au Pape, ils s'efforceront de multiplier les occasions.

Rel. pp. 175-182. — De Pot. Papae, § 18 à 25.

(188) Le R. P. Gemelli et plusieurs auteurs contemporains repoussent la terminologie de « *pouvoir direct* » et de « *pouvoir indirect* » que le droit canon récent n'a pas reproduite. Pour dissiper toute équivoque, le savant recteur de l'université de Milan propose de substituer la faculté, d'intervention « intégrative » et « supplétive » des conditions éthiques, à l'expression traditionnelle.

spirituel est en jeu. N'est-ce pas donner d'une main pour reprendre de l'autre ? N'est-ce pas permettre et légitimer d'avance tous les abus que reconnaître à l'Eglise ce droit exorbitant, encore aggravé du fait que celle-ci ne se reconnaît aucun supérieur sur la terre et qu'elle sera ainsi juge souverain de sa compétence et libre de déclarer, sans appel possible, que tel ou tel acte du pouvoir temporel entraîne un dommage spirituel ? Bon nombre de catholiques s'en montrent eux-mêmes scandalisés et ne cachent pas leur préférence pour une séparation du pouvoir civil et du pouvoir ecclésiastique, séparation qui laisserait à chacun, en apparence, du moins, sa parfaite indépendance. (189). Vitoria combat vigoureusement cette tendance libérale : « Il ne faut pas s'imaginer que le pouvoir temporel et le pouvoir spirituel soient semblables à deux Etats particuliers et distincts comme la France et l'Angleterre. » (190). Il y a, au contraire, entre eux la subordination qu'implique la hiérarchie des fins poursuivies, de sorte que le temporel est soumis au spirituel et que si un Etat venait à souffrir d'une mesure prise pour le plus grand bien de l'Eglise, le pape ne serait pas tenu de la modifier. « Or, si la communauté d'Etat et la communauté spirituelle étaient complètement indépendantes, comme deux Etats temporels ou comme deux arts étrangers l'un à l'autre, le chef temporel ne serait pas tenu de pourvoir aux intérêts spirituels aux dépens de l'Etat dont il a la charge. » (191).

Ainsi l'Eglise est-elle appelée à jouir au sein de la société

---

(189) Rappelons notamment le « Credo » libéral de M. A. Smith, gouverneur de New-York, publié par *Le Matin*, le 28 avril 1927 : « Je crois en Dieu selon la foi et le culte de l'Eglise catholique romaine. Je ne reconnais aucun pouvoir aux institutions de mon Eglise d'intervenir dans la pratique de la constitution des Etats-Unis ou dans l'exécution des lois du pays.

« Je crois dans la liberté de conscience absolue pour tous les hommes et dans l'égalité de toutes les églises, de toutes les sectes, de toutes les croyances devant la loi, comme étant l'exercice d'un droit et non l'octroi d'une faveur.

« Je crois dans la séparation absolue des Eglises et de l'Etat... »

(190) « Itaque non oportet imaginari quod potestas civilis et spiritualis sint sicut sunt duae respublicae disparatae et differentes, ut Gallorum et Anglorum. »

Rel. p. 47. — De Pot. Ecclesiae, V, § 10.

(191) « Si ergo respublica civilis et spiritualis essent omnino independentes, sicut duae respublicae temporales vel sicut duae artes impertinentes, non teneretur Princeps temporalis subvenire spiritualibus cum detrimento temporalis reipublicae. »

Id. p. 48. *Ibid.*

naturelle des nations le rôle prépondérant qu'implique la primauté des intérêts spirituels qui lui sont confiés. « L'Eglise tout entière ne forme qu'un seul corps ; de la communauté d'Etat et de la communauté spirituelle ne naissent pas deux corps distincts, mais un seul, comme le déclare l'apôtre Paul et comme on l'a montré précédemment puisque le Christ est la tête de l'Eglise tout entière. Il serait monstrueux qu'un corps fût privé de tête ou qu'une tête eût deux corps. Dans un corps, au contraire, tout est lié, hiérarchisé, et les organes les moins nobles sont au service des plus nobles. *De même dans la société chrétienne, tout est hiérarchisé et lié, les devoirs, les fins, les pouvoirs* et qu'on ne dise pas que le spirituel est au service du temporel, mais au contraire que le temporel est au service du spirituel et dépend de lui. » (192).

Telle est bien, nous semble-t-il, la synthèse à laquelle aboutit Vitoria. La société humaine formant une unité naturelle, partagée en communautés plus restreintes (193) chargées de pourvoir au bien commun temporel de leurs membres et, dans son ensem-

---

(192) « Tota Ecclesia est unum corpus, nec ex republica civili, et spirituali fiunt duo corpora ; sed unum tantum, ut certum est ex Apostolo Paulo, ut supra inductum est, quia Christus est caput totius Ecclesiae, et esset monstruosum, vel unum corpus sine capite, vel unum caput habere duo corpora, sed in uno corpore omnia sunt invicem connexa, et subordinata et partes ignobiliores sunt propter nobiliores. Ergo etiam in Republica Christiana sunt omnia subordinata, et connexa, et officia et fines et potestates, et nullo modo est dicendum, quod spiritualia sunt propter temporalia. Ergo e contrario temporalia sunt propter spiritualia et dependent ab illis. »

Id. p. 49. — *Ibid.*

(193) Il nous paraît opportun de citer ici le début de l'Encyclique « *Mortalium animos* » sur l'unité de l'Eglise (6 janvier 1928) en soulignant quelques expressions particulièrement significatives :

'« Jamais peut-être dans le passé les âmes n'ont éprouvé aussi vivement qu'elles le semblent à notre époque, le désir de fortifier et d'étendre *pour le bien commun de la société humaine* les relations fraternelles que noue étroitement entre elles *la communauté d'origine et de nature*. En effet, les nations ne jouissent pas encore pleinement des bienfaits de la paix ; çà et là, les discordes anciennes et de nouvelles divisions provoquent des séditions et des luttes intestines, de multiples controverses qui mettent en cause la tranquillité et la prospérité des peuples ne peuvent recevoir de solution sans *l'action commune* et les efforts des chefs d'Etats ou de ceux qui dirigent ou administrent les intérêts de la cité : aussi comprend-on aisément, d'autant plus que *tous reconnaissent l'unité du genre humain*, les vœux d'un grand nombre de voir, au nom de cette fraternité universelle, les diverses nations conclure une union de plus en plus étroite. »

ble, pénétrée par l'enseignement et l'influence de l'Eglise, soumise à son magistère universel et à sa juridiction spirituelle. (194).

Conception moyenâgeuse, dira-t-on et bien propre à décevoir ceux qui vantaient en Vitoria le « révolutionnaire », le « laïcisateur », parce qu'il s'est élevé avec énergie et avec constance contre des abus trop certains.

La doctrine de Vitoria peut paraître moyenâgeuse si l'on considère l'époque où de tels principes furent le mieux appliqués dans les institutions et dans les faits ; si on la considère en elle-même elle n'a pas de date car elle est purement et simplement la doctrine de l'Eglise. On découvre dans saint Bernard et dans saint Thomas les principes qui ont inspiré Vitoria. Aujourd'hui où la question semble se poser à tous avec plus d'acuité que jamais, on retrouve sous la plume du philosophe contemporain que nous avons déjà cité, l'exposé de la même théorie : « ... l'Eglise a droit d'autorité sur le politique ou le temporel lui-même, non en raison des choses politiques, mais en raison du spirituel qui s'y trouve engagé. *Un glaive est sous l'autre ;* non pour être opprimé dans son ordre propre, mais pour être guidé et rectifié par le glaive supérieur par rapport à l'ordre propre de celui-ci... Cette doctrine est immuable. Elle a pu se présenter sous des aspects différents, pour l'essentiel elle n'a pas bougé au cours des siècles. Ce qu'on appelait au moyen âge la doctrine des deux glaives — du moins au sens de saint Bernard et de saint Thomas d'Aquin, comme à celui des documents pontificaux — s'identifie essentiellement avec ce qu'on appelle depuis Bellarmin et Suarez la doctrine du pouvoir indirect — du moins si l'on entend celle-ci sans diminution. A qui regarde avec assez d'attention derrière les péripéties historiques, la substance des choses, c'est un seul et même enseignement qui est dispensé par

---

(194) Citons encore Benoît XV qui, dans l'Encyclique « *Pacem* », du 18 Mai 1920 après avoir exprimé le vœu que les nations réconciliées « s'unissent pour ne plus former qu'une société, ou mieux qu'une famille, pour la défense de leurs libertés particulières et le maintien de l'ordre social », ajoute : « Aux nations unies dans une ligue fondée sur la loi chrétienne, l'Eglise sera fidèle à prêter son concours actif et empressé pour toutes leurs entreprises inspirées par la justice et la charité. Aussi bien elle est le modèle le plus achevé de la société universelle, et elle dispose, de par sa constitution même et ses institutions, d'une merveilleuse influence pour rapprocher les hommes, en vue non seulement de leur salut éternel, mais même de leur prospérité matérielle, car elle leur enseigne à user des biens temporels de manière à ne point perdre les biens éternels. »

Boniface VIII dans la bulle « *Unam Sanctam* » et par Léon XIII dans l'Encyclique « *Immortale Dei* » ; et pour avoir une idée complète du pouvoir indirect, il faut avoir en vue à la fois ces deux grands documents.

« Il y a, en effet, deux aspects complémentaires dans la doctrine du pouvoir indirect. D'une part elle suppose la distinction des deux pouvoirs et la souveraineté du pouvoir civil dans son domaine propre : c'est là dessus qu'insiste Léon XIII, mais en ayant soin de marquer que l'autorité de l'Eglise s'étend aux choses temporelles pour autant qu'elles entrent en connexion avec ce qui touche au salut des âmes et au culte de Dieu. (195). Aussi bien des interventions spéciales de l'Eglise n'ayant lieu à ce titre que là où les choses de la société civile se trouvent intéresser d'une façon particulière l'objet propre du domaine sacré, il reste que tant que son domaine, subordonné mais autonome, n'intéresse le bien des âmes que dans la mesure très générale où l'existence d'un ordre temporel est utile à ce bien, la société civile gère ses affaires propres librement et sans avoir à obéir. D'autre part, cette même doctrine du pouvoir indirect affirme la subordination générale du temporel au spirituel et par conséquent le droit pour celui-ci d'apporter, quand cela est nécessaire en raison d'une connexion avec le bien des âmes, des restrictions à la souveraineté du pouvoir civil...

« Pour montrer cette subordination du temporel au spirituel qu'il compare à la subordination du corps à l'âme, saint Thomas,

---

(195) M. Maritain rappelle ici deux passages de l'Encyclique *Ubi Arcano Dei* (Pie XI, 23-12-1922) :

« L'Eglise a été instituée par son auteur au rang de société parfaite, maîtresse et guide des autres sociétés : dans ces conditions elle n'entamera pas le pouvoir des autres sociétés qui sont légitimes chacune dans son domaine, mais elle pourra les compléter heureusement comme la grâce parfait la nature ; et par elle ces sociétés seront plus fortes pour aider les hommes à atteindre la fin suprême qui est la béatitude éternelle, et plus assurées pour procurer aux citoyens le bonheur même de la vie terrestre. » — Et plus loin : « L'Eglise, sans doute, ne se croit pas permis de se mêler sans raison au gouvernement de ces affaires terrestres et purement politiques, mais elle reste dans son droit quand elle tâche d'empêcher que le pouvoir civil prenne prétexte de sa mission politique pour faire opposition de quelque façon que ce soit aux intérêts supérieurs qui engagent le salut éternel des hommes, ou pour nuire à ces intérêts par des lois et des exigences injustes, ou bien pour s'attaquer à la divine constitution de l'Eglise elle-même, ou fouler aux pieds les droits sacrés de Dieu dans la société humaine. »

nous venons de le voir, se fonde sur la subordination même des
fins, qui exige que l'autorité qui meut vers la fin suprême dirige,
soit par ses enseignements, soit par ses conseils, soit au besoin
par des ordres, celles qui meuvent vers la fin intermédiaire et que
sous la loi du Christ, les rois soient soumis au Souverain Pontife. Remarquons bien qu'à ce point de vue, le pouvoir indirect
est envisagé d'une façon très universelle, comme englobant non
seulement les interventions particulières de l'Eglise par des conseils ou des ordres exprès, *ratione peccati*, mais aussi l'influence
rectrice exercée sur les choses temporelles par son enseignement
général lui-même et par *l'éducation* qu'elle donne aux nations.
Une souveraineté temporelle ainsi *formée* en esprit, une cité véritablement chrétienne, iraient d'elles-mêmes à des fins chrétiennes et c'est à ce libre mouvement que viendraient s'ajouter
pour le parfaire les interventions spéciales de l'Eglise dont la
maternité ne cesse jamais d'envelopper les peuples. Ainsi, dans
des conditions de civilisation normale, c'est-à-dire si les peuples
et les gouvernements étaient ce qu'ils doivent, est-ce seulement
par leur docilité spontanée à la loi évangélique et à l'enseignement général de l'Eglise et quand celle-ci le juge opportun, à ses
conseils particuliers, que le pouvoir indirect se traduirait comme
naturellement. Il est vrai que les hommes sont rarement ce qu'ils
doivent. De fait, pour exceptionnelles qu'elles soient, les mesures
de contrainte sont parfois nécessaires et le pouvoir indirect va
alors aussi loin que l'exige la primauté du spirituel ; car l'Eglise
n'est pas désarmée, son droit est effectif et efficient.

« Un tel droit n'atteint pas seulement le spirituel dans le
temporel ; en raison du spirituel et de sa connexion au temporel,
il se saisit du temporel lui-même, il peut casser et annuler les
lois promulguées par l'Etat, il va, si le péril qu'ils font courir
aux âmes est trop grand, jusqu'à pouvoir déposer les rois et les
empereurs et délier leurs sujets du droit de fidélité... » (196).

Cette longue citation pourrait passer pour une traduction
tantôt libre, tantôt remarquablement précise des textes que nous
avons invoqués et que, fort probablement, M. Maritain n'avait
pas entre les mains.

Le simple rappel de cette théorie devait soulever d'abon-

---

(196) J. MARITAIN : *Primauté du Spirituel* : pp. 28 à 32.

dantes protestations. (197). Mais si trop d'esprits bien intentionnés s'obstinent encore à séparer totalement la politique de la théologie, le temporel du spirituel, pour cantonner ce dernier dans un monde imaginaire ou inaccessible, d'autres n'hésitent pas à lui faire sa part. Etudiant l'effort d'organisation de la société humaine qui se poursuit Genève, M. Redslob est saisi d'un doute : les nations feront-elles leur devoir ? « En soulevant ce problème, écrit-il, nous aboutissons à la périphérie du droit, région limitrophe où la loi se confond avec la morale. Cette région n'entoure pas seulement le droit constitutionnel, mais aussi le droit international. Ici la loi n'a plus sauvegarde que la conscience des gouvernants et la volonté populaire. Force nous est donc de reconnaître que la Société des Nations vivra et grandira de pair avec l'idéalisme et la noblesse humaine. La question se trouve ainsi ramenée à un principe supérieur. Y a-t-il progrès moral dans le monde ? Pour répondre, il faut quitter le pays de la science et monter vers le domaine de la Foi... » (198).

Nous avons volontairement insisté sur les étroites relations qui unissent ces deux domaines. Bien rares sont ceux qui, au cours des siècles, ont évolué de l'un à l'autre avec la sagesse et la maîtrise de François de Vitoria.

(197) Voir notamment : R. Gillouin : « Le nouveau Cours de la Politique Romaine » l'*Europe Nouvelle* (15 octobre 1927).

(198) Redslob. : *Histoire des Grands Principes du Droit des Gens* : pp. 560-61.

BIBLIOGRAPHIE

I. — L'ŒUVRE DE VITORIA

1° Les « Relectiones Theologicae »

Vitoria ne consentit jamais à livrer ses travaux à l'impression ; aussi
son œuvre ne nous est-elle parvenue, pour la plus grande partie, que
sous la forme de manuscrits dispersés dans les bibliothèques d'Espagne
ou d'Italie. Les « Relectiones Theologicae », qui ont le plus contribué
à sa gloire, ont été imprimées pour la première fois à Lyon en 1557.
Malgré neuf rééditions de 1557 à 1765, elles sont aujourd'hui pratiquement introuvables. Presque toutes ces éditions comportent une préface ou un avis au lecteur qui insiste sur les lacunes des précédentes
et vante les rares mérites de la nouvelle. En réalité toutes sont très
imparfaites et si l'on excepte l'édition partielle de Washington, il
n'existe pas encore de texte soigneusement établi.

Ces « Relectiones » n'avaient rien de commun avec les leçons ordinaires professées au cours d'une année scolaire ; c'étaient des leçons
solennelles, des conférences données à un public choisi en présence
des maîtres de la faculté ou de l'université. Le même thème pouvait
être l'objet de plusieurs « relectiones », ce qui explique leur nombre
variable suivant la distribution adoptée par les différents éditeurs. On
en compte généralement douze ou treize. Le P. Beltran de Heredia en
ajoutant une « Relectio de Silentii obligatione » en compte jusqu'à
quinze qui auraient été prononcées dans l'ordre chronologique suivant : (199).

---

(199) Voir la *Ciencia tomista*, Mai-Juin 1927. — *Los Manuscritos del Maestro fray Francisco de Vitoria*, par Fr. Vicente Beltran de Heredia, O. P.

Les différentes éditions s'efforcent au contraire d'adopter un ordre logique et classent les « Relectiones » d'après leur contenu.

Ces éditions sont, comme nous l'avons dit, au nombre de neuf :

1) Lyon, 1557, chez J. Boyer (Bibl. Ste-Genev. D. 3188) ;
2) Salamanque, 1565, chez Juan de Canova, par A. Munoz, O. P. ;
3) Ingolstadt, 1580, Anonyme (Bibl. Nation., Madrid) ;
4) Lyon, 1587, chez Landry (Bibl. Nat., Paris, D. 11.741) ;
5) Anvers, 1604 ;
6) Venise, 1626, utilisée par H. Hallam et Lange ;
7) Salamanque, 1680 ;
8) Cologne, 1686, par G. Simon, utilisée par Nys ;
9) Madrid, 1765, chez Emmanuel Martin.

Il convient d'y ajouter une édition partielle du « De Indis » et du « De Jure Belli » :

Brown Scott : The classics of International law : *Vitoria*, Washington, 1917.

Toutes les citations du présent volume sont empruntées à l'édition de Madrid (1765).

2° Les autres ouvrages de Vitoria

Parmi les autres travaux imprimés ou manuscrits de Vitoria, citons :

1° Une édition de la Somme Théologique de Saint Thomas, (2ᵃ 2ᵃᵉ), à Paris, chez Chevallon 1512 « A Petro Crockaert recensata ac illustrata ».

2° Une « Summa Sacramentorum Ecclesiac » qui n'eut pas moins de trente éditions successives.

3° « Confesionario » manuel à l'usage des confesseurs, publié en espagnol.

4° Des commentaires sur les différentes parties de la Somme Théologique et sur les quatre livres des Sentences. Ces commentaires restés manuscrits sont actuellement dispersés dans de nombreuses bibliothèques en Espagne, en Portugal ou en Italie. Le P. Beltran de Heredia s'est efforcé d'en faire un recensement aussi exact que possible (200). C'est, espérons-le, le travail préparatoire à une publication qui s'impose. Le commentaire de la question XL (2ª 2ae) « De Bello » donnerait lieu à d'intéressantes comparaisons et fournirait peut-être de nouvelles et précieuses indications sur la pensée de son auteur.

II. — INDEX DES AUTEURS SUSCEPTIBLES D'AIDER A L'ETUDE DE VITORIA (201)

ALBERTINI (Q.). — L'Œuvre de Francisco de Vitoria et la doctrine canonique du droit de la guerre (Paris, thèse 1902).

* AZPILCUETA (Martin de). — Enchiridion : cap. I, N° 36 et cap. 16, N° 19, Anvers 1579.

ALCORTA (A.). — Cours de Droit International Public, Paris 1887, T. I.

* BANEZ. — Comm. in 2ª, 2ae S. Thomae, Qu. I, art. VII.

* BARTHELEMY (J.). — Les Fondateurs du Droit International, Paris 1904, Ch. I.

* BOUILLON (V.). — La Politique de Saint Thomas, Paris 1927.

BRION (M.). — Bartholomé de Las Casas, le Père des Indiens, Paris 1927, *in fine*.

* CALVO (C.). — Le Droit International et Pratique, Paris 1880.

* CANO (M.). — De Locis Theologicis, Liber XII Procmium, Patavii 1762.

CANTU. — Histoire Universelle, Paris 1879, T. XV.

* CAUCHY. — Le Droit Maritime International, Paris 1862, T. II.

CLENARDUS (N.). — Epistolarum libri duo, Anvers 1556.

---

(200) Voir p. 114.

(201) Les noms précédés du signe * ont servi à la préparation de ce travail.

Conring (H.). — Opera, Brunswick 1730, T. IV.

* Echard (J.). — Scriptores Ordinis Praedicatorum, Paris 1721, T. II.

* Fiore (P.). — Nouveau Droit International Public, Paris 1869.

Fur (Le). — Cours de l'Académie de Droit International, La Haye 1927. — Recueil de Textes de Droit International Public, Paris, 1928.

* Getino (A.). — El Maestro Fr. Francisco Vitoria y el Renacimiento filosophico teologico del siglo XVI, Madrid 1914.

Goyau (G.). — Cours de l'Académie de Droit International, La Haye 1925, T. I.

* Hallam (H.). — Introduction to the litterature of Europe in the fifteenth, sexteenth, and seventeenth centuries, Londres 1837, traduction de A. Borghers, Paris 1839.

Halleck. — International Law or Rules regulating the intercourse of States in peace and war, Londres 1893, T. I.

Hinojosa (E. de). — Francisco de Vitoria y sus écritos juridicos. (Estudios sobre la Historia del derecho Espanol), Madrid 1903.

* Holland (Th. E.). — Studies in international Law, Oxford 1898.

* Kosters. — Les Fondements du Droit des Gens, La Haye 1925.

* Lange (C.). — Histoire de l'Internationalisme, Christiania 1919.

* Lorimer (J.). — The Institutes of Law, Edimbourg 1880 ; The Institutes of Law of nations, Edimbourg 1883.

Matamoros (G.). — De Academiis et doctis viris Hispaniae. T. I.

* Médina (B. de). — Commentaria in 1ª, 2ae S. Thomae, Venise 1582.

* Mortier. — Histoire Générale de l'Ordre des Frères Prêcheurs, Paris 1911, T. 5.

Navarrus. — Voir Azpilcueta (Martin de).

* Nicol (A.). — Biblioteca Hispana nova, Madrid 1783, T. I.

* Nys (E.). — Le Droit de la Guerre et les Précurseurs de Grotius, Bruxelles 1882. — Les Origines du Droit International, Bruxelles 1894. — Le Droit International, les principes, les théories, les faits, Bruxelles 1904, T. I. — Le Droit des Gens des Anciens Jurisconsultes espagnols, La Haye 1914. — Principes de Droit International, par Lorimer (traduction d'E. Nys), Bruxelles 1885.

Pelayo (M. Y.). — Algunas consideraciones sobre Francisco de Vitoria (Ensayos de critica philosophica), Madrid 1918.

Pfeiffer (N.). — Doctrina juris internationalis juxta Franciscum de Vitoria, Zug 1925 (*Bibliotheca catholica internationalis*).

Pradier Foderé. — Grotius, Paris 1867, T. I.

Réal (202). — La Science du Gouvernement, Amsterdam 1764, T. VIII.

---

(202) Cité pour mémoire, car il est difficile d'accumuler plus d'erreurs en moins de mots.

* REDSLOB. — Histoire des Grands Principes du Droit des Gens, Paris 1923.

RIVIER (A.). — Principes du Droit des Gens, Paris 1896, T. I. — Note sur la littérature du Droit des Gens avant la publication du *Jus Belli ac Pacis*, de Grotius, 1883 (Communication à l'Académie Royale de Belgique).

* SALVIOLI (J.). — Il concetto de guerra justa negli scrittori anteriori a Grocio (Naples. 1915), traduit par G. Hervo. Paris 1918.

* SOTO (D.). — De Justitia et Jure, Venise 1584.

* TISCHLEDER (P.). — Ursprung Träger der Staatsgewalt nach der Lehre des hl. Thomas und seiner Schule, Munchen Gladbach 1923.

* TOURON (A.). — Histoire des Hommes illustres de l'ordre de saint Dominique, Paris 1747, T. IV.

TRELLES (B.). — Cours de l'Académie de Droit International, La Haye 1927.

VASÉE (J.). — Rerum Hispanicarum Chronicon, Francfort 1579, T. I.

* VANDERPOL. (A.). — Le Droit de Guerre d'après les Théologiens et les canonistes du moyen âge, Paris 1911. — La Guerre devant le Christianisme, Paris 1912. — Le Droit de Guerre de François de Vitoria dans l'ouvrage collectif : L'Eglise et la Guerre, Paris 1913 (première édition). — François de Vitoria et la Guerre, dans l'ouvrage collectif ; l'Eglise et la Guerre, Paris 1920 (deuxième édition). — La Doctrine scolastique du Droit de Guerre, Paris 1919. (*Pedone.*)

WALKER (A.). — History of the Law of Nations. Cambridge 1899.

WHEATON (H.). — Histoire des Progrès du Droit des Gens en Europe et en Amérique depuis la paix de Westphalie jusqu'à nos jours, Leipzig 1865.

* ZIGLIARA. — Summa Philosophica. Paris 1912. T. III (15ᵉ édit., *Beauchesne*).

Articles de Revues

* VILLEY (L.). — Francesco de Vitoria e il rinnovamento della Scolastica nel Secolo XVI, *Rivista di Filosophica Neo-Scolastica*, T. XIX, fas. VI, décembre 1927.

* DELOS (J.-T.). — Comptes rendus, *Bulletin Thomiste*, juillet 1927. — Le problème de l'autorité internationale d'après les principes du droit public chrétien et les publicistes espagnols du XVIᵉ siècle, *Revue Générale de Droit International Public*, juillet-août 1927. — L'Académie de Droit International de La Haye. *Revue des Jeunes*, 10 février 1928.

* FUCHER. — L'Eglise et le Droit des Gens, *Bulletin Catholique International*, mars 1928.

* HEREDIA (B. DE). — Los Manuscritos del Maestro fray Francisco de Vitoria, *La Ciencia Tomista*, fasc. 105-107, mai-octobre 1927. — Cronologia de las Lecturas y de las Releciones del Maestro Vitoria, *Ciencia Tomista*, fasc. 108, décembre 1927.

* LARREOUI (J.). — Reparando una injusticia, La catedra « Francisco Vitoria », *Razon y Fe*, T. 81, fasc. 1, 10 octobre 1927. — El derecho international en Espana durante los siglos XVI et XVII. *Id. Ibid.*, fasc. 3, 10 novembre 1927. — Hacia la restauracion de nuestra antigua cultura juridica, *Id. Ibid.*, fasc. 5, 10 décembre 1927. — Del « Jus Gentium » al Derecho internacional. *Id. Ibid.*, T. 83, fasc. 1, avril 1928.

* NYS (E.). — Les Publicistes espagnols et les droits des Indiens *Revue de Droit International Public et de Législation comparée*, 1889. — Les Jurisconsultes espagnols et la Science du Droit des Gens. *Idem*, 1912.

* SCOTT (J.-B.). — L'Universalité du Droit des Gens, *Revue de Droit International*, N° 3, juillet-septembre 1927.

VILLA URRUTIA (DE). — Francisco de Vitoria, precursor de Grocio. *Revista de Espana*, 1881.

III. — INDEX DES LIVRES CONSULTES (203)

BILLOT. — De Ecclesia Christi, T. I, Prati 1909.

BOSSUET. — Œuvres complètes, T. XV, Paris 1863 (*Vivès*).

DEMONGEOT (M.). — La Théorie du Régime Mixte chez Saint Thomas d'Aquin. Aix 1927.

CAJETAN. — Prima pars et secunda pars summae Sacrae S. Thomas, Lyon 1581.

FUR (LE). — Races, nationalités. Etats, Paris 1922 (*Alcan*).

HAURIOU. — Principes de Droit Public, Paris 1916 (*Sirey*).

JANSSENN. — De Lege mere Pœnali, Jus Pontificum, Rome 1925.

MARITAIN (J.). — Primauté du Spirituel. Paris 1927 (*Roseau d'Or*).

MONTAIGNE. — Essais, Paris 1802 (*Didot*).

THOMAS D'AQUIN (ST). — Summa Theologica : T. I, II, III (*Ed. Fiaccadori*, Parme 1875. — Commentaria in Aristotelem (Ethic. et Pol.), T. XXI, Parme 1876 (*Ed. Fiaccadori*). — De Regimine Principum. Turin 1924 (*Ed. Marietti*).

SUAREZ. — Defensio Fidei, Paris 1856 (*Ed. Vivès*). — De Legibus, Paris 1856 (*Ed. Vivès*).

ZEILLER (J.). — L'idée de l'Etat dans Saint Thomas d'Aquin. Paris 1910 (*Alcan*).

---

(203) Livres qui ne se rapportent pas directement à l'œuvre de Vitoria et ne figurent pas dans la liste précédente.

TABLE DES MATIÈRES